Mosaik

Claudia Graf

Kochen mit dem Mond

Jeden Tag gesund essen und schlank bleiben.
Mit Farbtest für eine Kurzdiät,
über 100 Rezepten und Kalendarium bis ins Jahr 2000

Aquarelle von Irmtrud Stier

Mosaik Verlag

Vorwort

Man ist, was man ißt. Das bedeutet: Wer sich ausgewogen ernährt, sich Zeit nimmt für die Zubereitung der Speisen und das anschließende Essen, is(s)t gesünder und ausgeglichener als andere, die Essen als reine Notwendigkeit betrachten. Allerdings kommt es meiner Ansicht nach auch darauf an, was an welchem Tag auf dem Speiseplan steht! Auf dem Speiseplan, den der Mond uns immer wieder neu entwirft. Der Mond als »Chefkoch«? Wundern Sie sich nicht. Denn so, wie er auf seiner Reise durch den Tierkreis das Gedeihen der verschiedenen Pflanzengruppen an bestimmten Tagen besonders begünstigt, empfiehlt er uns auch, sie an bestimmten Tagen zu essen. Weil unser Körper sie dann optimal verwertet. Ohne Magendrücken. Ohne Völlegefühl. Und ohne Reue. Denn der Mond läßt auch Pfunde purzeln! Darum und um viele Tips rund um die Ernährung geht es in diesem Buch. Dem Mond in den Topf geguckt wird natürlich auch. Im großen Rezeptteil finden Sie viele Gerichte, die Sie mal als schmackhafte Beilagen, mal als großartige Solisten auf den Tisch bringen können. Wann, das verrät Ihnen der Mondkalender. Viel Spaß beim Kochen mit dem Mond und guten Appetit wünscht Ihnen

Claudia Graf

INHALT

Die Macht des Mondes

Der Mond vollbringt Unglaubliches:
Er hebt und senkt die Meere, wölbt die Erdmassen
bis zu einem Viertelmeter. Welche Wirkungen
er außerdem entfaltet, erfahren Sie
im folgenden Kapitel.

Auch wenn die meisten Wissenschaftler noch immer nicht an den Einfluß des Mondes auf die Pflanzen glauben – die Menschheit macht sich schon seit Jahrtausenden die Regeln von Neumond und Vollmond, von zu- und abnehmendem Mond zunutze, zum Beispiel im Ackerbau. Fragen Sie einen alten Landwirt nach Pflanz- und Ernteterminen, wird er Ihnen sehr wahrscheinlich keine Monate nennen, sondern viel eher vom Stand des Mondes berichten. Aber nicht nur auf das Wachstum der Pflanzen wirkt der Mond, auch ihre Bekömmlichkeit für unseren Organismus wird von dem immer noch geheimnisvollen Himmelskörper und seinem Lauf durch den Tierkreis beeinflußt. Im folgenden erfahren Sie mehr über den Lauf des Mondes und darüber, wie und wann er auf welche Pflanzengruppen wirkt.

Die Wanderung des Mondes

Für seine Wanderung durch den Tierkreis benötigt der Mond etwa 28 Tage. Er passiert während dieser Reise alle zwölf Sternzeichen: Widder, Stier, Zwillinge, Krebs, Löwe, Jungfrau, Waage, Skorpion, Schütze, Steinbock, Wassermann und Fische. Die Astrologen der Antike ordneten diese zwölf Zeichen den vier Elementen Feuer, Erde, Wasser und Luft zu.

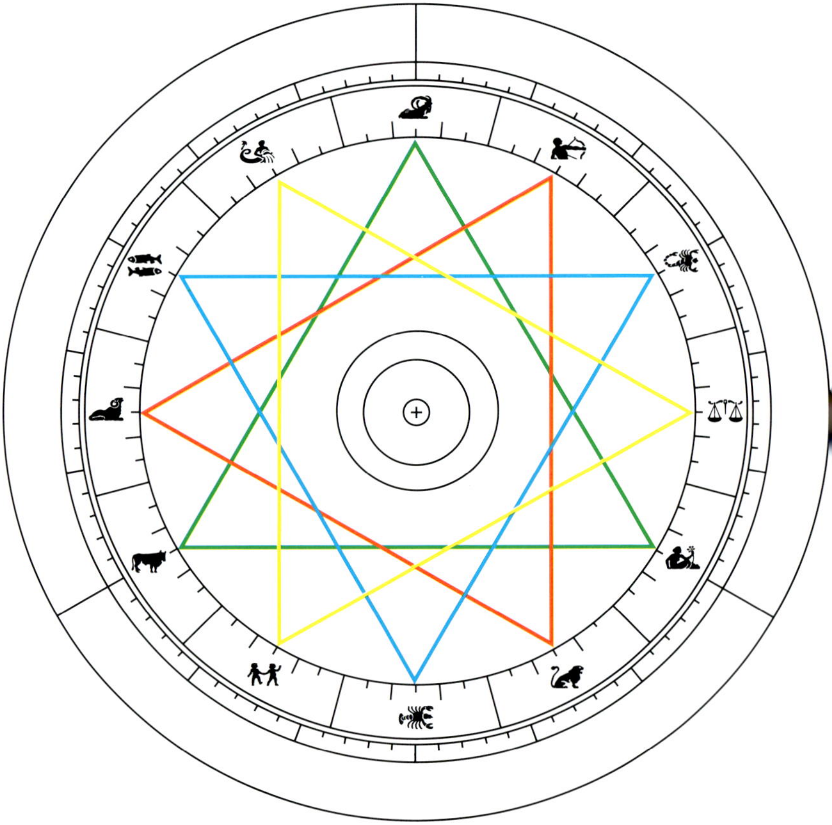

In der Astrologie denkt man sich den Tierkreis als eine riesige Kreisebene. Man teilt sie in zwölf gleich große Abschnitte von je 30 Grad und gibt diesen die Namen der Tierkreiszeichen. Jeweils drei Zeichen ordnet man dem gleichen Element zu. Sie stehen im Winkel von 120 Grad zueinander und bilden ein sogenanntes Trigon. So ergeben sich vier Kräfte-Trigone, die der Mond im etwa 9-Tages-Rhythmus aktiviert: Feuer (rot), Erde (grün), Wasser (blau) und Luft (gelb). Mehr über die Zuordnung der Farben zu den Elementen erfahren Sie auf Seite 94.

- Widder, Löwe und Schütze sind Feuerzeichen.

- Stier, Jungfrau und Steinbock sind Erdzeichen.

- Zwillinge, Waage und Wassermann sind Luftzeichen.

- Krebs, Skorpion und Fische sind Wasserzeichen.

Wenn Sie sich den Tierkreis mit seinen zwölf Zeichen als eine riesige Kreisebene am Himmel vorstellen, liegen die jeweiligen Vertreter eines Elementes im Winkel von 120 Grad zueinander. In der Astrologie spricht man dann von einem Trigon, einem gleichschenkligen Dreieck. So ergeben sich also vier Kräfte-Trigone, die der Mond im etwa 9-Tages-Rhythmus aktiviert.

Die Pflanzen der Kräfte-Trigone

Die Vielzahl der Pflanzen, die der Mensch in Jahrtausenden gelernt hat zu kultivieren, läßt sich ebenfalls in vier Gruppen unterteilen – und den Elementen zuordnen.

- Den Feuerzeichen Widder, Löwe und Schütze werden Fruchtpflanzen zugeordnet. Hierzu gehören Bohnen, Erbsen, Mais, Tomaten, Kürbisse, Zucchini, aber auch alle Obstsorten und Beerensträucher. Alle diese Pflanzen mögen es warm und sonnig, geerntet werden sie in der warmen Jahreszeit.

- Den Erdzeichen Stier, Jungfrau und Steinbock entsprechen Wurzelpflanzen wie Radieschen, Rote Bete, Sellerie, Schwarzwurzeln, Möhre, Rettich, Kohlrübe, Zuckerrübe, Kartoffeln und Zwiebeln. Ihre Fruchtbildung findet im Wurzelbereich, also in der Erde statt.

- Den Luftzeichen Zwillinge, Waage und Wassermann ordnet man Blütenpflanzen zu. Hierzu zählen alle Blumen, aber auch Lein, Raps, Sonnenblume, Blumenkohl, Broccoli und Artischocke – also Pflanzen, deren »Früchte« sich im Blütenbereich entwickeln.

- Den Wasserzeichen Krebs, Skorpion und Fische entsprechen Blattpflanzen, deren »Frucht« wir im Blattbereich ernten. Dies ist bei allen Salatsorten, Kohlarten, bei Endivien, Spinat, Rapunzel, Petersilie, bei Blattkräutern wie Basilikum oder Rosmarin der Fall.

Tritt der Mond während seines Umlaufs nun zum Beispiel in das Zeichen Widder, aktiviert er das entsprechende Feuerelement und begünstigt – auf den Acker- und Gartenbau bezogen – das Pflanzen, Pflegen und Ernten von Fruchtpflanzen. Darum geht es in meinem Buch »Gärtnern mit dem Mond« (ebenfalls erschienen im Mosaik Verlag).

Für den Koch und die Köchin bedeutet das, daß an solch einem Feuertag Speisen aus Fruchtpflanzen ganz besonders bekömmlich sind. Für Körper, Geist und Seele! Mehr darüber erfahren Sie im folgenden Kapitel.

Blattpflanze Kopfsalat. Seine Vitamine nimmt unser Körper an Blattagen besonders gut auf.

Blütenpflanze Artischocke. Wie Broccoli und Blumenkohl sollte man sie an Blütetagen zubereiten.

Fruchtpflanze Kürbis. Auf den Tisch – vielleicht mal als herzhafte Suppe – gehört er an Fruchttagen.

Wurzelpflanze Möhre. Als Vertreterin des Erdelements hat sie an Wurzeltagen ihren grossen Auftritt.

Die Macht des Mondes – auf einen Blick

Die folgende Übersicht zeigt Ihnen alles, was Sie übers Mondkochen wissen müssen. Näheres über die Zuordnung der Nahrungsbestandteile (Eiweiß, Salz, Fett, Kohlenhydrate) finden Sie auf Seite 14. Und was es mit den Farben auf sich hat, erfahren Sie ab Seite 94.

Mondstand	**Element**	**Pflanzengruppe**	**Obst/Gemüse**	**Qualität**	**Farbe**
Widder Löwe Schütze	Feuer	Frucht	Bohnen, Erbsen, Mais, Tomate, Kürbis, Linsen, Soja, Gurke, Aubergine, Zucchini, Beerenfrüchte, Obst, Chili, Paprika, Feigen, Avocado, Melone, Oliven	Eiweiß	Rot
Stier Jungfrau Steinbock	Erde	Wurzel	Knoblauch, Möhre, Rote Bete, Radieschen, Rettich, Kohlrübe, Zuckerrübe, Sellerie, Schwarzwurzel, Kartoffel, Zwiebel, Kohlrabi	Salz	Grün
Zwillinge Waage Wassermann	Luft	Blüte	Blumenkohl, Artischocke, Broccoli, alle Blumen, Sonnenblumenkerne, Lein, Raps, Nüsse, Hagebutte, Holunder	Fett	Gelb
Krebs Skorpion Fische	Wasser	Blatt	Salate, Spinat, Rapunzel, Endivien, Petersilie, Kohlarten (wie Chinakohl, Rosenkohl, Grünkohl), alle Blattkräuter, Spargel, Pilze, Kresse, Porree, Mangold, Rhabarber	Kohlenhydrate	Blau

Gesundheit geht durch den Magen

Daß Gesundheit durch den Magen geht, wird Ihnen heutzutage jeder Mediziner bestätigen. Man ist, was man ißt! Wer auf eine gesunde, ausgewogene und ballaststoffreiche Kost achtet, wer sich für sein Essen und für die Zubereitung (!) Zeit und Muße nimmt, ist gesünder, ausgeglichener, hat mehr Energie und natürlich auch mehr Kraftreserven. Nun kommt es meiner Meinung nach aber nicht nur darauf an, was und wie man ißt, sondern auch darauf, wann man was ißt. Denn so, wie der Mond das Wachstum bestimmter Pflanzen an bestimmten Tagen des Monats positiv beeinflußt, so begünstigt und optimiert er auch die Verwertung der darin enthaltenen Vitamine, Mineralstoffe, Spurenelemente, Kohlenhydrate, Eiweiße, Fette und Salze.

Wann ißt man was?

Wie Sie im vorigen Kapitel lesen konnten, aktiviert der Mond während seiner Reise durch den Tierkreis im etwa 2- bis 3-Tages-Rhythmus jeweils ein anderes Zeichen, das einem der vier Elemente zugeordnet wird. Jedes Element »herrscht« sozusagen über eine Pflanzenart (Frucht, Wurzel, Blüte und Blatt). Die Mond-Koch-Regel ist nun ganz einfach:

Kochen und essen Sie

- an Feuertagen (Widder, Löwe und Schütze) vor allem Fruchtpflanzen,

- an Erdtagen (Stier, Jungfrau und Steinbock) mehrmals Wurzelpflanzen,

- an Blütetagen (Zwillinge, Waage und Wassermann) Kerne, Broccoli, Blumenkohl und Artischocken, und trinken Sie statt Kaffee auch mal einen Blütentee,

- an Blattagen (Krebs, Skorpion, Fische) Blattpflanzen.

Das Kalendarium ab Seite 106 verrät Ihnen Tag für Tag den Mondstand. Es zeigt Ihnen, in welchem Zeichen der Erdtrabant sich gerade befindet und welchem Element dies entspricht. Außerdem können Sie nachlesen, welche Nährstoffe – Fett, Kohlenhydrate, Eiweiß oder Salz – an diesem Tag vom Körper besonders gut verwertet werden. Denn jedem Element entspricht auch ein Grundnährstoff:

- dem Element Feuer das Eiweiß,

- dem Element Erde das Salz,

- dem Element Luft das Fett,

- dem Element Wasser die Kohlenhydrate.

Was bedeutet das in der Praxis? Nehmen wir an, Sie kochen an einem Widdertag gefüllte Paprika. Das Zeichen Widder gehört zum Feuerelement, dem Fruchtpflanzen und Eiweiß entsprechen. Vom Mondimpuls angeregt, verwertet Ihr Körper nun sowohl die Fruchtpflanze Paprika als auch das im Rinderhack enthaltene Eiweiß optimal. An einem »Wassertag«, wäre die »Ausbeute« an Nährstoffen wahrscheinlich geringer. Beobachten Sie auch selbst einmal: An Erdtagen (Stier, Jungfrau, Steinbock) zum Beispiel werden Sie höchstwahrscheinlich ganz »instinktiv« sehr viel weniger Salz verwenden als an anderen Tagen.

Als ich vor einigen Jahren in Spanien gelebt habe, lernte ich mehrere Olivenbauern aus der Region rund um Valencia kennen. Sie erzählten mir, daß sie an manchen Tagen sehr viel mehr Öl aus ihren Früchten pressen als an anderen. Im folgenden Jahr machten wir die Probe aufs Exempel. Und was ich bereits vermutet hatte, bewahrheitete sich prompt: Stand der Mond in Zwillinge, Waage und Wassermann, denen das Fett entspricht, war der Ertrag fast doppelt so hoch wie an anderen Tagen!

Erstaunlich ist für mich auch, daß in vielen orientalischen Küchen oft Zutaten gemischt werden, die sowohl vom »Hauptnährstoff« als auch von der Pflanze dem gleichen Element entsprechen. In Persien, dem heutigen Iran, wo die Wiege der Astrologie stand, ißt man weiße Bohnen (Frucht) als eine Art Eintopf zusammen mit verlorenen Eiern (Eiweiß). Für ein anderes Gericht stockt man pürierte Auberginen und Tomaten (beide Frucht) mit Eiern (Eiweiß). Zu Rind oder Lamm (Eiweiß) reicht man Erbsen-, Linsen- oder Bohnenreis (Frucht). Mariniert wird das Fleisch von Hühnchen in Joghurt (beides Eiweiß), bevor man es zart grillt ...

Der Mond auf Lukullus' Spuren

Viele Menschen haben sich glücklicherweise das natürliche Gespür für die verschiedenen Mondimpulse erhalten. Nur ist es den meisten gar nicht bewußt. Sie wundern sich nur, daß sie an manchen Tagen von Früchten nicht genug bekommen können, an anderen aber überhaupt keinen Apfel sehen mögen. Oder sie verspüren plötzlich Heißhunger auf Salat, zwei Tage später lechzen sie nach Müsli oder Kartoffelgerichten. Geben Sie Ihrer inneren Stimme dann ruhig nach. Wer Kinder hat, weiß, daß auch diese sich an einen »geheimnisvollen Speiseplan« halten. Und daß sie eigentlich sehr viel ursprünglicher essen als wir »umerzogenen« Erwachsenen: Mal sind tagelang nur Bananen angesagt, dann plötzlich wollen sie nur noch Würstchen oder Pommes frites. Vergleichen Sie diese »Freßphasen« doch einfach einmal mit dem Mondkalender. Richtet sich das Eßverhalten danach? Es würde mich nicht wundern ... schließlich beobachte ich es immer wieder bei meinem eigenen Sohn. An Wurzeltagen stehen Pommes frites hoch im Kurs, an Fruchttagen kann ich nicht genug Äpfel kaufen, an Blattagen mag er Spaghetti al pesto (also mit Basilikumsoße) am liebsten. Die Angst, daß das Kind unausgewogen ernährt wird, ist meiner Ansicht nach unbegründet, denn die Vorlieben wechseln ja ständig, und außerdem bekommt der Körper im Laufe mehrerer Tage alles, was er braucht.

Notieren Sie doch einfach mal über mehrere Monaten hinweg, welche Speisen Sie an welchen Tagen besonders gut und welche weniger gut vertragen. Fühlen Sie sich an einem Feuertag nach Paprikagemüse wohl und gut gesättigt? Haben Sie Lust auf Früchte? Schmeckt Ihnen Salat an einem Wassertag besonders gut? Brauchen Sie an einem Wurzeltag mehr Salz als sonst – oder weniger? Die Eintragungen werden Ihnen zeigen, welche Wirkungen die unterschiedlichen Speisen auf Ihr persönliches Wohlbefinden haben und was Ihnen wann besonders gut oder besonders schlecht bekommt.

Es kann nämlich auch sein – Ausnahmen bestätigen schließlich die Regel –, daß Sie ausgerechnet an Blattagen mit Salaten auf Kriegsfuß stehen. Oder daß Ihnen an Wurzeltagen Kartoffeln schwer im Magen liegen, daß Sie an Blütetagen Fett nicht riechen können oder daß Sie an Feuertagen auf die Haut von Früchten (von Pfirsichen zum Beispiel) leicht allergisch »überreagieren«.

Dieser persönliche Mond-Speise-Plan kann Ihnen helfen, einen Überblick über die Wirkung bestimmter Speisen auf Ihren Organismus zu gewinnen – und vielleicht so manches Rätsel zu lösen. Und schließlich hilft er auch Allergikern. Denn nicht an jedem Tag wirkt ein allergenes (also ein »allergieauslösendes«) Nahrungsmittel gleich stark!

Der Mond läßt Pfunde purzeln!

Neben den Tierkreiszeichen, an denen der Mond quasi vorbeispaziert, haben auch Vollmond, Neumond, zu- und abnehmender Mond eine große Wirkung auf die Nahrungsverwertung. Dies ist besonders interessant für Menschen, die mit überflüssigen Pfunden kämpfen.

- AN NEUMOND ist die Entgiftungsbereitschaft des Körpers am größten. Wer Fastentage einlegen möchte – oder dies bereits regelmäßig tut –, sollte sich den Neumondtag dafür reservieren. Schlacken, Gifte, Wasser werden an Neumond schneller und müheloser ausgeschwemmt als an anderen Tagen. Toller Nebeneffekt: Der Verzicht auf die sonst üblichen Speisen und Getränke fällt an Neumond sehr viel leichter.

- DER ZUNEHMENDE MOND baut auf, speichert Energie. Logische Folge: Jetzt werden Speisen besonders gut verwertet. So beobachten viele Menschen, daß sie in der Zeit des zunehmenden Mondes (die 14 Tage zwischen Neumond und Vollmond) bei gleicher Essensmenge ein wenig zunehmen. Vorsicht: Dickmacher schlagen jetzt besonders an! Eine Diät also niemals in der Zeit des zunehmenden Mondes beginnen.

- DER VOLLMOND ist ebenso wie der Neumond als Fastentag geeignet. Wer mit Mineralwasser fastet, tut seinem Körper doppelt Gutes, denn an Vollmond werden die im Wasser enthaltenen Mineralien und Spurenelemente besonders gut aufgenommen.

- DER ABNEHMENDE MOND ist der beste Zeitpunkt für eine Diät. Während der etwa 14 Tage zwischen Vollmond und Neumond purzeln die Pfunde schneller und vor allem müheloser als an den übrigen Tagen des Monats. Die Entgiftungsbereitschaft des Körpers ist groß, bei Saunabesuchen schwitzt man mehr als bei zunehmendem Mond. Hinzu kommt, daß wir während dieser 14 Tage energiegeladener und frischer sind. Deshalb ist es ratsam, in dieser Phase auch alle Arbeiten zu erledigen, die Kraft und Energie erfordern. Selbst wer »diätet«, dürfte kaum einen Kräfteverlust bemerken.

Nach soviel Theorie nun endlich die Praxis. Im Anschluß finden Sie aus jeder Elementegruppe (Feuer/Fruchtpflanzen, Erde/Wurzelpflanzen, Luft/Blütenpflanzen und Wasser/Blattpflanzen) köstliche Rezepte, mit denen Sie Tag für Tag nach dem Mondlauf kochen können. Natürlich sind Ihrer eigenen Phantasie und Kochkunst keine Grenzen gesetzt. Wer öfters nach diesem Buch kocht, lernt so

ganz nebenbei die Pflanzen der einzelnen Elementegruppen kennen und kann sich immer neue Speisen und Menüs für den jeweils herrschenden Mond-Tag ausdenken. Figurbewußte Esser finden bei jedem Rezept selbstverständlich die Kalorienangabe (kcal) pro Portion und außerdem die in einer Portion enthaltene Menge an Eiweiß (E), Fett (F) und Kohlenhydraten (K) – denn wie wir ja wissen, begünstigt der Mondstand auch die Wirkungsweise der in den Speisen enthaltenen Stoffe. Und auch einige Mikrowellen-Rezepte sind mit von der Partie.

Beim Lesen des Rezeptteils fällt Ihnen vielleicht auf, daß sich unter den Rezepten des Elements Feuer recht viele Fleischgerichte befinden. Grund: Ideale Zubereitungstage sind eben jene Fruchttage, weil der Körper an diesen das Eiweiß am besten verwertet.

Symbole und Abkürzungen

Symbol	Zeichen	Element	Einfluß
♈	Widder	Feuer	Frucht
♉	Stier	Erde	Wurzel
♊	Zwillinge	Luft	Blüte
♋	Krebs	Wasser	Blatt
♌	Löwe	Feuer	Frucht
♍	Jungfrau	Erde	Wurzel
♎	Waage	Luft	Blüte
♏	Skorpion	Wasser	Blatt
♐	Schütze	Feuer	Frucht
♑	Steinbock	Erde	Wurzel
♒	Wassermann	Luft	Blüte
♓	Fische	Wasser	Blatt

● Neumond – Idealer Fastentag
☽ Zunehmender Mond – Schlecht für Diät
○ Vollmond – Idealer Fastentag
☾ Abnehmender Mond – Beste Diätzeit

DAS ELEMENT FEUER

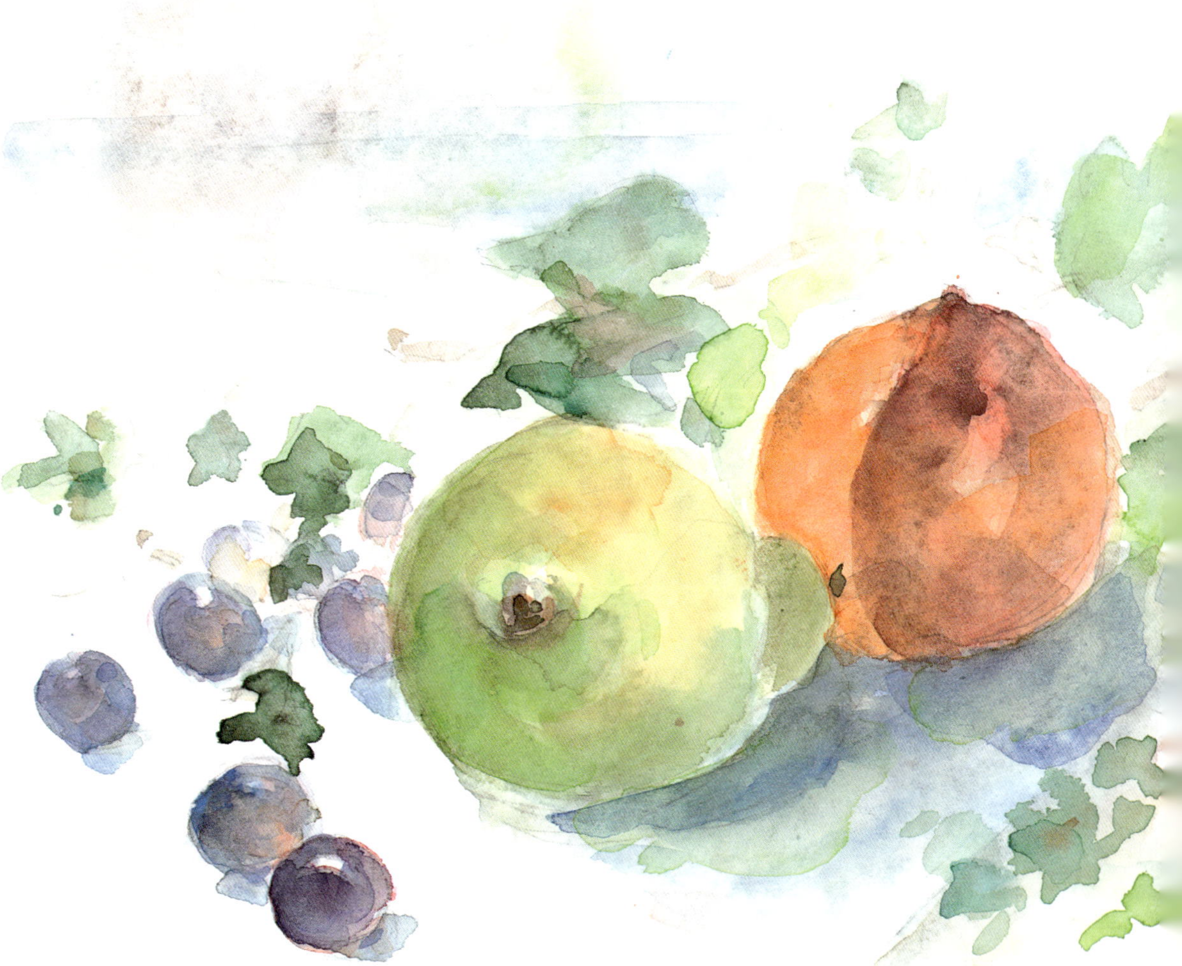

Rezepte für Fruchtpflanzen

*Die Tage von Widder, Löwe und Schütze haben's in sich:
Jetzt essen wir gerne scharf – und da Rot die Farbe der Feuerzeichen ist,
stehen rote Gemüse und Früchte ganz oben auf der Hitliste.
Sie passen ja auch wunderbar zum feurigen Mondimpuls mit seinen
Fruchtpflanzen, die richtige Sonnenanbeter sind.
Aber auch Erbsen, Bohnen, Linsen, Zucchini und Auberginen
gehören an Feuertagen auf den Tisch. Mal mit zartem Fleisch,
mal als pfiffige Solisten ...*

Indische Auberginen mit Mandelfüllung

Für 4 Personen, Zubereitungszeit: 1 Stunde.
Pro Portion: 235 kcal, 4 g E, 21 g F, 6 g K.

12 kleine weiße oder lilafarbene Auberginen (je 60 g), 3 EL geriebene Mandeln, 1 EL gemahlener Koriander, 1 TL gemahlener Cumin (Kreuzkümmel), 1 TL Garam Masala (fertig zu kaufende indische Currymischung), 1/2 TL Kurkuma (Gelbwurz), 1/4 TL Cayennepfeffer, 1/2 TL Zitronensaft, 1/2 TL Salz, 3 EL Pflanzenöl, 2 Scheiben geschälte, frische Ingwerwurzel

1. Die Auberginen der Länge nach vom runden Ende her aufschneiden, aber am Stielende noch zusammenlassen. 10 Minuten in kaltem Wasser einweichen, bis sie sich etwas geöffnet haben. In einem Sieb abtropfen lassen und außen mit Küchenpapier abtrocknen.
2. Die Mandeln mit Gewürzen, Zitronensaft und Salz in einer kleinen Schüssel gut vermischen. Diese Mischung auf die Schnittflächen der Auberginen streichen, bis sie ganz aufgebraucht ist. Die Auberginen sorgfältig zusammendrücken und mit einem Faden umwickeln, damit sie zusammenhalten.
3. Das Öl und die Ingwerscheiben in einer Pfanne bei mäßiger Hitze erhitzen. Die Auberginen hineingeben und in ungefähr 8 Minuten unter Wenden glänzend braun braten. Die Hitze niedriger stellen, die Pfanne zudecken und das Gemüse 20 Minuten schmoren lassen, dabei gelegentlich wenden, damit die Auberginen gleichmäßig braun werden.
4. Vor dem Servieren die Fäden entfernen und nach Belieben mit Koriandergrün oder Petersilienzweigen garniert anrichten.

Beilage: körnig gekochter Langkornreis
Getränkeempfehlung: kräftiger, junger Rotwein; besser noch Mineralwasser oder eine exotische Fruchtsaftmischung

Gefüllte Tomaten

Für 4 Personen, Zubereitungszeit: 1 Stunde.
Pro Portion: 395 kcal, 6 g E, 28 g F, 30 g K.

8 feste Fleischtomaten, Salz, 8 EL Reis, 4 EL Olivenöl, 1 Knoblauchzehe, 3 Sardellen, einige Stengel Petersilie, einige Blätter Minze oder Basilikum, schwarzer Pfeffer aus der Mühle, 3 EL Olivenöl für die Form und zum Bestreichen

1. Die Tomaten waschen, einen Deckel abschneiden und die Tomaten vorsichtig mit einem Teelöffel aushöhlen. Innen leicht salzen.
2. Den Reis in leicht gesalzenem Wasser 10–15 Minuten kochen, auf ein Sieb geben und gut abtropfen lassen.
3. Das ausgehöhlte Tomatenmark durch ein Sieb streichen und mit Reis und Olivenöl vermischen.
4. Geschälte Knoblauchzehe, Sardellen und Petersilie fein hacken, Minze oder Basilikum in feine Streifen schneiden. Zusammen mit Salz und Pfeffer unter den Reis mischen.
5. Den Backofen auf 200 °C vorheizen.
6. Den Reis in die Tomaten füllen und die abgeschnittenen Tomatendeckel auf die Früchte setzen.
7. Eine feuerfeste Form mit 1 Eßlöffel Öl auspinseln und die Tomaten hineinsetzen. Die Tomaten mit dem restlichen Öl bestreichen.

Im Backofen auf der mittleren Schiene in ca. 40 Minuten gar backen.
Beilage zu Fisch oder Fleischgerichten oder kalt als Vorspeise mit Weißbrot.

Grießklößchen mit Kirschenkompott

Für 4 Personen, Zubereitungszeit: 40 Minuten, Ruhezeit: 30 Minuten.
Pro Portion: 555 kcal, 11 g E, 19 g F, 80 g K.

Grießklößchen:
1/4 l Milch, ausgeschabtes Mark von 1 Vanilleschote, 20 g Butter, 20 g Fruchtzucker, 65 g Hartweizengrieß, 1 Ei (getrennt), Schale und Saft von 1 unbehandelten Zitrone, 200 g feingeriebene Biskuitbrösel, 40 g geklärte Butter zum Backen

Kirschkompott:
400 g Süßkirschen, 0,1 l Kirschsaft, 4 cl Kirschwasser, 50 g Fruchtzucker, 2 TL Pfeilwurzelmehl

1. Für die Klößchen Milch, Vanillemark, Butter und Fruchtzucker in einen Topf geben und aufkochen lassen. Den Grieß einstreuen und unter Rühren in wenigen Minuten ausquellen lassen. Den Grießbrei vom Herd nehmen, das Eigelb sowie Zitronenschale und -saft untermischen und die Masse in ca. 30 Minuten erkalten lassen.
2. In dieser Zeit das Kompott zubereiten. Die Kirschen entsteinen. Kirschsaft, Kirschwasser und Fruchtzucker zum Kochen bringen, die entsteinten Früchte dazugeben, einmal aufkochen, dann 5 Minuten ziehen lassen. Mit dem kalt angerührten Pfeilwurzelmehl binden.
3. Das Eiweiß zu steifem Schnee schlagen und gleichmäßig unter die abgekühlte Grießmasse ziehen.
4. Aus der Masse kleine Klößchen formen und diese in den Biskuitbröseln wenden. Die geklärte Butter in einer großen, beschichteten Pfanne erhitzen und die Grießklößchen darin bei mittlerer Hitze von allen Seiten goldbraun backen.
5. Die Grießklößchen mit dem Kirschkompott reichen.

Für zwei Personen ist diese Mehlspeise schon ein sättigendes Hauptgericht an heißen Sommertagen.

Zitrussalat mit Oliventoast

Für 4 Personen, Zubereitungszeit: 35 Minuten.
Pro Portion: 370 kcal, 5 g E, 23 g F, 35 g K.

2 Grapefruits, 2 rosa Grapefruits, 1 rote Zwiebel, 1/2TL scharfer Dijonsenf, Salz, schwarzer Pfeffer.

Oliventoasts:
150 g schwarze Oliven, 2 Sardellenfilets, 1 EL Kapern, 3 EL kaltgepreßtes Olivenöl, schwarzer Pfeffer, 1 Prise Thymian, 1 EL Zitronensaft, 4 Scheiben Toastbrot.

1. Von den Grapefruits einen Deckel so abschneiden, daß das Fruchtfleisch zum Vorschein kommt. Mit einem scharfen Messer die Schale von oben nach unten so abschaben, daß alle weißen Häutchen ebenfalls entfernt werden. Mit dem Messer die Filets aus den Trennhäuten herauslösen. Den Saft auffangen.
2. Die Zwiebel schälen, halbieren und in feine Streifen schneiden.
3. Den Saft mit dem Senf verrühren und mit Salz und Pfeffer abschmecken. Mit den Grapefruits und den Zwiebeln mischen und kalt stellen.
4. Die Oliven entsteinen und das Fruchtfleisch kleinschneiden. Die Oliven mit den Sardellen, den Kapern und dem Olivenöl im Mixer pürieren. Mit Pfeffer, Thymian und Zitronensaft abschmecken.
5. Das Brot toasten, zu Dreiecken halbieren und das Olivenpüree darauf verteilen.
6. Den Salat in Schüsselchen anrichten und mit Oliventoast servieren.

Getränkeempfehlung: Roséwein

Vollkorncrêpes mit Beerenragout

Für 4 Personen, Zubereitungszeit: 40 Minuten,
Ruhezeit: 2 Stunden.
Pro Portion: 505 kcal, 7 g E, 30 g F, 45 g K.

Crêpeteig:
2 Eigelb, 40 g Fruchtzucker, 200 g Sahne, 100 g feines Weizenmehl (frisch gemahlen), 50 g geklärte Butter zum Ausbacken, 4 Minzezweige zum Garnieren

Füllung:
1/4 l Beerensaft (z. B. von Himbeere, Johannisbeere), 4 cl Himbeergeist, 40 g Fruchtzucker oder 2 EL Ahornsirup, 400 g gemischte Beeren (z. B. Himbeeren, Johannisbeeren, Brombeeren, Walderdbeeren)

1. Für den Teig Eigelbe und Zucker verrühren, die Sahne und nach und nach das gesiebte Mehl hinzufügen. Zu einem glatten Crêpeteig verrühren und 2 Stunden ruhen lassen.
2. Für die Füllung Beerensaft, Himbeergeist und Fruchtzucker oder Sirup bei starker Hitze um ein Drittel einkochen lassen.
3. Die Beeren sorgfältig verlesen, entstielen und im eingekochten Sud kurz erwärmen.
4. Eine kleine Pfanne jeweils mit etwas geklärter Butter auspinseln und nacheinander 8 dünne Crêpes darin backen.
5. Jeden Pfannkuchen mit etwas Beerenragout füllen und mit Minzezweiglein garniert sofort servieren.

Räucherfischsalat

Für 4 Personen, Zubereitungszeit: 20 Minuten,
Marinierzeit: 1 Stunde.
Pro Portion: 525 kcal, 25 g E, 34 g F, 22 g K.

400 g Räucherfisch (z. B. Schillerlocken, Heilbutt, Pfeffermakrele, Räucherforelle), 300 g Pellkartoffeln, 1 kleine Zwiebel, 1 Gewürzgurke, 2 aromatische Äpfel, 1 rote Paprikaschote, Salz, 3 EL Weinessig, 3 EL gehackter Dill, 1/2 Kopf Endiviensalat als Garnitur

Vinaigrette:
2 EL Weinessig, 2 TL scharfer Senf, Salz, schwarzer Pfeffer aus der Mühle, 2 EL Traubenkernöl, 6 EL Sahne

1. Schillerlocken in Stückchen schneiden, die anderen Räucherfische von Haut und Gräten befreien und in nicht zu kleine Stückchen zerpflücken.
2. Die abgezogenen Pellkartoffeln in größere Würfel, die geschälte Zwiebel in kleine Würfel und die Gewürzgurke in Streifen schneiden. Die Äpfel schälen, vierteln, entkernen und in Würfel schneiden. Die entkernte Paprikaschote ebenfalls in feine Streifen schneiden, evtl. ganz kurz in kochendem Wasser blanchieren.
3. Alle vorbereiteten Salatzutaten, bis auf den Fisch, in einer Schüssel miteinander vermischen, leicht salzen und mit dem Essig übergossen 1 Stunde marinieren lassen.
4. Für die Vinaigrette Essig, Senf, Salz und Pfeffer verrühren, bis sich das Salz aufgelöst hat. Nach und nach unter Rühren mit einem Schneebesen das Öl und die Sahne hinzufügen.
5. Den Salat vorsichtig mit dem Räucherfisch und dem Dill vermischen. Die Vinaigrette darübergießen, locker unterheben und den Salat noch einmal kurz durchziehen lassen. Auf einer Platte in einem Kranz von streifig geschnittenem Endiviensalat anrichten.

Beilage: Vollkornbaguette

Frische Feigen mit Sherryschaum

Für 4 Personen, Zubereitungszeit: 30 Minuten.
Pro Portion: 260 kcal, 3 g E, 3 g F, 28 g K.

2 Eigelb, 5 EL Zucker, Saft von 1/2 Zitrone, 0,2 l Cream Sherry, 8 frische Feigen, frische Minze zum Garnieren

1. Die Eigelbe mit dem Zucker in einer Metallschüssel zu einer cremigen, hellgelben Masse aufschlagen.
2. Die Schüssel in ein leicht siedendes Wasserbad stellen. Weiterschlagen und dabei den Zitronensaft und den Sherry dazufließen lassen. Ständig weiterschlagen, bis eine dickschaumige Sauce entstanden ist. Dabei darauf achten, daß das Wasserbad nicht zu heiß wird, da das Eigelb sonst gerinnt.
3. Die Feigen mit Küchenkrepp abreiben und mit einem Messer längs halbieren.
4. Den Sherryschaum als Spiegel auf 4 Teller gießen. Jeweils 4 Feigenhälften in die Mitte setzen. Mit Minzeblättchen garnieren und sofort servieren.

Die Sauce können Sie anstelle von Sherry auch mit Rotwein zubereiten.

Wildsalat mit Birnen

Für 4 Personen, Zubereitungszeit: 20 Minuten.
Pro Portion: 300 kcal, 13 g E, 21 g F, 13 g K.

200 g Reste von Wildfleisch (in Scheiben geschnitten), 2 reife Birnen, 1 TL Zitronensaft, 1/2 kleine Sellerieknolle, Salz, 2 Kiwis, 2 EL gehackte Walnüsse

Sauce:
6 EL Mayonnaise (möglichst selbstgemacht), 1 TL scharfer Senf, 3 EL Sahne

Außerdem:
6–8 Blätter Lollo Rosso, grobgemahlener schwarzer Pfeffer

1. Das Wildfleisch und die geschälten Birnen in Streifen schneiden, die Birnenstreifen sofort mit Zitronensaft beträufeln.
2. Den Sellerie schälen und in feine Streifen schneiden. In kochendem Wasser in etwa 2 Minuten blanchieren und auf einem Sieb gut abtropfen lassen.
3. Die Kiwis schälen und in Scheiben schneiden, die Hälfte der Kiwischeiben in Würfel. Die Kiwiwürfel mit dem Fleisch, den Birnen, den Selleriestreifen und den gehackten Walnüssen in einer Schüssel vermischen.
4. Für die Sauce die Mayonnaise mit Senf und Sahne verrühren, über die Salatzutaten gießen und unterheben. Den Salat auf den Lollo-Rosso-Blättern anrichten und mit den Kiwischeiben garnieren. Mit Pfeffer bestreuen.

Beilage: französisches Weißbrot
Getränkeempfehlung: ein leichter, fruchtiger Rotwein, z. B. ein Chianti oder ein Beaujolais

Geflügelnocken in Apfelweinsauce

Für 4 Personen, Zubereitungszeit: 35 Minuten.
Pro Portion: 545 kcal, 48 g E, 29 g F, 4 g K

4 EL Butter, 1 mittelgroße Zwiebel (fein gehackt), 200 g frische Champignons, Saft von 1 Zitrone, 700 g Putenfleisch, 225 g Crème fraîche mit Knoblauch, 3 Eigelb, Salz, weißer Pfeffer aus der Mühle, 1 Msp. Cayennepfeffer, 2 Bund Petersilie (fein gehackt), 1/2 l Apfelwein

1. Die Hälfte der Butter in einer Pfanne schmelzen und die Hälfte der gehackten Zwiebel bei mittlerer Hitze weich dünsten.
2. Champignons putzen, abbrausen und kleinhacken. In die Pfanne geben und dünsten, bis fast alle Flüssigkeit verdampft ist. Mit der Hälfte des Zitronensaftes beträufeln.
3. Das Putenfleisch in Stücke schneiden und im Cutter fein zerkleinern. Mit den Champignons, der Hälfte der Crème fraîche und dem Eigelb gut vermischen. Die Masse mit Salz, Pfeffer und Cayennepfeffer kräftig abschmecken und die Hälfte der Petersilie unterheben.
4. In einem breiten Topf reichlich Salzwasser aufkochen. Von der Geflügelfarce mit zwei angefeuchteten Eßlöffeln Nocken abstechen, in das Wasser gleiten lassen und bei milder Hitze in 10 Minuten gar ziehen lassen.

5. Inzwischen die restliche Butter erhitzen und die übrige Zwiebel darin weich dünsten. Mit dem Apfelwein ablöschen und um ein Drittel einkochen lassen. Die restliche Crème fraîche unterrühren, aufkochen und mit Salz, Pfeffer und dem übrigen Zitronensaft abschmecken. Zur gewünschten Konsistenz einkochen und zum Schluß die Petersilie einstreuen.
6. Die Geflügelnocken mit der Apfelweinsoße auf vorgewärmten Tellern anrichten.
Beilage: Wildreismischung oder Bandnudeln und gedünsteter Spinat oder Zuckerschoten
Getränkeempfehlung: Apfelwein

Ausgebackene Auberginenscheiben

Für 4 Personen, Zubereitungszeit: 40 Minuten.
Pro Portion: 320 kcal, 6 g E, 16 g F, 28 g K.

4 längliche, junge Auberginen (ca. 700 g), Salz, 100 g Mehl, 1/4 l Weißwein, 2 EL Olivenöl, 1 Eiweiß, Olivenöl zum Ausbacken, Saft von 1 Zitrone

1. Die Auberginen in Scheiben schneiden. Auf einen Teller legen, leicht salzen und mit einem zweiten Teller zudecken. 30 Minuten ziehen lassen.

2. Inzwischen Mehl und Salz in eine Schüssel geben, den Wein und das Olivenöl hinzufügen und alles mit einem Schneebesen glattrühren. Das Eiweiß zu sehr steifem Eischnee schlagen und unter den Teig ziehen.
3. In einer hochwandigen Pfanne reichlich Olivenöl erhitzen.
4. Das bittere Wasser von den Auberginenscheiben abgießen und das Gemüse mit Küchenpapier gut trockentupfen.
5. Die Auberginenscheiben in den Teig tauchen und von beiden Seiten in dem Öl goldbraun backen. Mit einem Schaumlöffel herausheben und auf Küchenpapier abtropfen lassen. Mit Zitronensaft beträufeln und sofort servieren.

Arabische Kichererbsencreme

Für 4 Personen, Zubereitungszeit: 1 Stunde 30 Minuten, Einweichzeit: 8 Stunden oder über Nacht.
Pro Portion: 305 kcal, 14 g E, 14 g F, 29 g K.

200 g Kichererbsen, 4 Knoblauchzehen, 4 EL Tahin (Sesampaste aus dem Reformhaus), Saft von 1–2 Zitronen (je nach Geschmack), Salz, 2 EL Olivenöl.

1. Die Kichererbsen 8 Stunden oder über Nacht einweichen.
2. Auf ein Sieb geben und abtropfen lassen. Einweichwasser wegschütten. Dann in einem Topf mit frischem Wasser bedeckt etwa 1 Stunde bei mittlerer Hitze auf dem Herd kochen, bis sie weich sind.
3. Die Kichererbsen und die abgezogenen Knoblauchzehen mit etwas Kochwasser in der Küchenmaschine zu einer dicken Paste pürieren. Tahin, Zitronensaft und Salz hinzufügen. Zu einer leichten Creme vermischen. Eventuell etwas Kochwasser darunterrühren, wenn die Creme zu dick ist.
4. Die Creme auf eine flache Platte streichen oder in eine niedrige Schüssel füllen und mit dem Olivenöl beträufeln.
Beilage: Pittabrot (arabisches Flachbrot)

Zitronenhähnchen

Für 2 Personen, Zubereitungszeit: 30 Minuten.
Pro Portion: 350 kcal, 41 g E, 16 g F, 5 g K.

1/2 Hähnchen (ca. 500 g), Salz, 1 EL Öl,
1 EL gehackte Schalotten, Saft von 1 Zitrone,
1 TL grobgehackte, rote Pfefferkörner, 2 EL gehackte Petersilie, 1/8 l Hühnerbrühe (aus Extrakt)

1. Die Hähnchenhälfte in zwei Teile schneiden und salzen.
2. Das Öl in einer beschichteten Pfanne erhitzen und die Hähnchenteile bei starker Hitze darin anbraten. Die gehackten Schalotten hinzufügen und kurz mitbraten. Zitronensaft darüberträufeln und mit Pfeffer und einem Eßlöffel Petersilie bestreuen. Die Brühe aufgießen und alles zugedeckt bei mittlerer Hitze 15 Minuten schmoren lassen.
3. Mit der restlichen Petersilie bestreut servieren.

Beilage: bunter Sommersalat

Wildhasenrücken mit Bananensauce

Für 4 Personen, Zubereitungszeit: 50 Minuten.
Pro Portion: 560 kcal, 54 g E, 24 g F, 17 g K.

2 Wildhasenrücken mit Knochen (ca. 1,2 kg),
1 TL gehackter Oregano, schwarzer Pfeffer aus der Mühle, Salz, abgeriebene Muskatnuß, 2 EL Butterschmalz,
2 Bananen, 1 EL Butter

Sauce:
1 Banane, 125 g Sahne, 0,2 l trockener Weißwein, Salz, weißer Pfeffer aus der Mühle, 1 Prise Cayennepfeffer

1. Den Backofen auf 240 °C vorheizen.
2. Die kleinen Filets auf der Unterseite des Rückenknochens mit dem Messer auslösen und vorsichtig abtrennen.
3. Den Oregano mit 4 Umdrehungen Pfeffer, Salz und etwas Muskat gut mischen. Das Fleisch damit von allen Seiten einreiben.
4. Das Butterschmalz in einen Bräter geben und im Backofen schmelzen lassen. Den Wildhasenrücken ohne die Filets mit dem Knochen nach unten in den Bräter legen, mit der Butter begießen und den Bräter auf die mittlere Schiene des Backofens stellen. 12–15 Minuten braten. Mehrmals mit dem Bratfond begießen. Die kleinen Filets erst 5 Minuten vor Ende der Bratzeit zugeben.
5. Für die Sauce die Banane schälen, in Scheiben schneiden und mit der Sahne im Mixer pürieren.
6. Die Hasenrücken und die beiden Filets aus dem Ofen nehmen und auf einem Abtropfgitter 5 Minuten ruhen lassen. Den Saft auffangen. Den Bratenfond mit dem Weißwein loskochen. In eine kleine Pfanne gießen und den Fleischsaft auf dem Herd um die Hälfte einkochen lassen. Die Bananensahne zufügen. 2–3 Minuten weiterkochen, bis die Sauce sämig ist. Mit Salz, Pfeffer und Cayennepfeffer abschmecken.
7. 2 Bananen schälen und längs halbieren. In Butter auf beiden Seiten goldgelb braten. Warmhalten.
8. Zum Servieren das Fleisch mit einem Messer vom Knochen lösen. Mit einem Löffelrücken ganz abstreifen. Das Fleisch leicht schräg in 1 cm dicke Scheiben schneiden. Die

kleinen Filets halbieren und jeweils 1/2 Filet und 1/2 Banane pro Person dazulegen. Die Bananensauce dazu servieren.
Beilage: kleine Maiscrêpes oder Pistazienreis
Getränkeempfehlung: Côtes-du-Rhône

Rehrücken mit Beerensauce

Für 4 Personen, Zubereitungszeit: 50 Minuten.
Pro Portion: 500 kcal, 41 g E, 24 g F, 20 g K.

1 kg Rehrücken mit Knochen, 2 EL Butterschmalz, Salz, schwarzer Pfeffer aus der Mühle, 1 TL Paprikapulver (edelsüß)

Wildsauce:
0,1 l Wildfond, 4 EL Rotwein, 60 g Butter, Salz, schwarzer Pfeffer aus der Mühle

Beerensauce:
100 g Preiselbeeren, 100 g Himbeeren, 100 g Johannisbeeren, 100 g Brombeeren, 3 EL Zucker, 3 EL Rotwein, 2 TL Stärkemehl, Salz, 1 Prise Zimt, weißer Pfeffer aus der Mühle, 1 Prise Cayennepfeffer

1. Den Backofen auf 250 °C vorheizen.
2. Die Rehfilets auf der Unterseite des Rückens vorsichtig auslösen. Das Butterschmalz in einer Kasserolle erhitzen.

Das Fleisch mit Salz, Pfeffer und Paprika würzen. Den Rehrücken mit dem Knoblauch nach unten in die Bratkasserolle legen. Mit dem heißen Butterschmalz begießen. 12–15 Minuten auf der mittleren Schiene des Backofens braten. Ab und zu mit dem Bratensaft begießen. Die Rehfilets 7 Minuten später in die Kasserolle geben. Nach der angegebenen Bratzeit ist das Fleisch noch rosa. Wer es sich durchgebraten wünscht, muß es etwa 3–4 Minuten länger im Ofen lassen.
3. Für die Wildsauce den Wildfond mit dem Rotwein einkochen, bis die Sauce leicht sämig wird.
4. Für die Beerensauce die verschiedenen Beeren mit dem Zucker und dem Rotwein rasch aufkochen. Die Beeren auf ein Sieb gießen und den aufgefangenen Saft wieder in den Topf geben. Die Speisestärke mit 2 Eßlöffel Wasser gut verrühren. Zum Saft geben und unter Rühren kochen, bis er sirupartig eingedickt ist. Mit den Beeren mischen und mit Salz, Zimt, Pfeffer und Cayennepfeffer pikant abschmecken. Zum Abkühlen in eine Schüssel gießen.
5. Den Rehrücken, wenn er fertig gebraten ist, noch 5–7 Minuten im abgestellten Ofen bei halb geöffneter Tür stehen lassen.
6. Die Butter in kleine Würfel schneiden und unter die Wildsauce arbeiten, bis man keine weißen Spuren mehr sieht. Die Sauce kann dabei schwach kochen. Mit Salz und Pfeffer abschmecken.
7. Den Rehrücken am Tisch zerlegen. Leicht schräg in 1 cm dicke Scheiben schneiden. Die Rehfilets schräg in Stücke schneiden und die beiden Saucen separat servieren.
Beilage: Spätzle, Rosenkohl
Getränkeempfehlung: Bordeaux, z. B. St.-Emilion

Paprikapfanne

Für 4 Personen, Zubereitungszeit: 25 Minuten.
Pro Portion: 805 kcal, 32 g E, 55 g F, 44 g K.

1 große Zwiebel, 2 EL Olivenöl, 750 g Paprikaschoten (rot, grün, gelb), 1/8 l Tomatensaft, Salz, schwarzer Pfeffer aus der Mühle, 1 TL Paprikapulver (edelsüß), 1 Msp. Cayennepfeffer, 350 g Kabanossi, 1 Bund Petersilie

1. Die Zwiebel schälen und auf dem Gemüsehobel in feine Ringe schneiden.
2. Das Olivenöl in einer breiten Pfanne erhitzen und die Zwiebelringe darin glasig dünsten.
3. Die Paprikaschoten längs halbieren, vom Kernhaus befreien und waschen. Dann quer in schmale Streifen schneiden und in die Pfanne geben. Mit dem Tomatensaft übergießen, salzen, pfeffern, mit Paprika und Cayennepfeffer würzen und 15 Minuten köcheln lasen.
4. Die Kabanossi pellen und in nicht zu dicke Scheiben schneiden. Unter das Gemüse mischen und 5 Minuten mitgaren.
5. Die Petersilie abbrausen, trockentupfen und grob hacken. Kurz vor dem Servieren untermischen.

Anstelle der Kabanossi können Sie auch gekochten Schinken, in Streifen geschnitten, untermischen.
Beilage: Kartoffelpüree

Provenzalische Ente mit Oliven

Für 4 Personen, Zubereitungszeit: 1 Stunde 30 Minuten.
Pro Portion: 990 kcal, 60 g E, 72 g F, 8 g K.

1 fleischige Ente (ca. 1,5 kg), Salz, weißer Pfeffer aus der Mühle, 200 g grüne Oliven mit Stein, 100 g schwarze Oliven mit Stein, 1 Entenleber (keine foie gras), 1 Schalotte, 1 Sardelle, 3 EL Semmelbrösel (in etwas Milch eingeweicht), 1 Eigelb, 2 EL Butter, 1/8 l Weißwein

1. Die vorbereitete Ente von innen leicht mit Salz und Pfeffer einreiben.
2. Alle Oliven 3 Minuten in kochendem Wasser blanchieren und entkernen. Die Hälfte der grünen Oliven grob hacken.
3. Die Entenleber fein hacken oder im Mixer nicht zu fein zerkleinern. Die geschälte Schalotte und die Sardelle fein hacken. Leber, Schalotte, gehackte Oliven, Semmelbrösel und Eigelb gut miteinander vermischen und vorsichtig mit Salz und Pfeffer abschmecken.
4. Den Backofen auf 220 °C vorheizen.
5. Die Farce in die Ente füllen und die Öffnung mit einem Baumwollfaden zunähen.
6. 1 Eßlöffel Butter in einem eisernen Schmortopf auf dem Herd zerlassen und die Ente darin von allen Seiten anbraten. Im gut verschlossenen Topf auf die untere Schiene in den Backofen stellen. Die Ente 50–60 Minuten braten. Die fertige Ente aus dem Topf nehmen und warmstellen.
7. Den Bratensaft entfetten, mit dem Wein aufgießen und die restlichen grünen und die schwarzen Oliven hinzufügen. 10 Minuten durchkochen lassen.
8. Die Ente in den Topf zu der Sauce geben und 5 Minuten in der Sauce schmoren lassen. Von der Kochstelle nehmen und die Sauce mit der restlichen Butter abrunden.
9. Die Ente tranchieren und mit der Olivensauce umkränzt auf einer vorgewärmten Platte anrichten.

Beilage: Wildreis und gegrillte Tomaten
Getränkeempfehlung: provenzalischer Rosé, z. B. Tavel rosé

Chinesisches Huhn mit Tangerinenschale

Für 4 Personen, Zubereitungszeit: 40 Minuten.
Pro Portion: 125 kcal, 30 g E, 2 g F, 10 g K.

500 Hühnerbrust ohne Haut und Knochen, 1 Stückchen frische Ingwerwurzel, 1 Schalotte, Salz, 2 EL Sojasauce, 2 EL Sake (Reiswein), $1\frac{1}{2}$ TL Speisestärke, 2 getrocknete Chilischoten, 1 Stückchen getrocknete Tangerinenschale (oder 50 g Orangeat), $1\frac{1}{2}$ TL Zucker, 2 TL Weinessig, einige Tropfen Sesamöl, Öl zum Braten

1. Das gewaschene, mit Küchenpapier trockengetupfte Hühnerfleisch in 2 cm große Würfel schneiden. Die Ingwerwurzel und die Schalotte schälen und fein wiegen.
2. Salz mit der Hälfte der Sojasauce, dem Sake und der Hälfte der Speisestärke in einer Schüssel vermischen. Das Hühnerfleisch, den Ingwer und die Schalotten hinzufügen. Gründlich vermischen und 15 Minuten marinieren lassen.
3. Die Chilischoten entkernen und fein wiegen. Die Tangerinenschale bröseln (Orangeat fein hacken). Den Zucker mit der restlichen Sojasauce, dem Essig und dem Sesamöl in einer Tasse vermischen.
4. Reichlich Öl in einer tiefen Pfanne oder einem Wok erhitzen und das abgetropfte Hühnerfleisch (Marinade beiseite stellen) darin in wenigen Minuten goldgelb ausbacken. Aus der Pfanne nehmen und gut abtropfen lassen. 2 Eßlöffel Öl in der Pfanne zurücklassen, das restliche Öl weggießen.
5. Die Pfanne oder den Wok noch einmal erhitzen. Die Tangerinenschale und die Chilischoten in die Pfanne geben und unter ständigem Rühren goldbraun braten. Das Hühnerfleisch hinzufügen und kurz durchrösten.
6. Die restliche Speisestärke mit 1 Eßlöffel kaltem Wasser anrühren. Die Marinade und die gewürzte Sojasauce hinzufügen und kurz aufkochen lassen. Mit der angerührten Speisestärke binden. Von der Kochstelle nehmen, sobald das ganze Hühnerfleisch von der Gewürzmischung überzogen ist.

Grün-weißes Bohnengemüse

Für 4 Personen, Zubereitungszeit: 25 Minuten.
Pro Portion: 365 kcal, 23 g E, 8 g F, 50 g K.

1 kleine Zwiebel, 2 EL Butter, 300 g tiefgekühlte grüne Bohnen, $^{1}/_{8}$ l Fleischbrühe (aus Extrakt), 1 kleine Dose weiße Bohnen (375 g Gemüseeinwaage), 1 TL Bohnenkraut, Salz, schwarzer Pfeffer aus der Mühle, 1 Knoblauchzehe

1. Die Zwiebel schälen und fein hacken.
2. Die Butter in einem breiten Topf erhitzen. Die Zwiebelwürfel darin glasig dünsten.
3. Die tiefgekühlten Bohnen zufügen und mit der Fleischbrühe aufgießen. Aufkochen und 10 Minuten köcheln lassen.
4. Die weißen Bohnen aus der Dose zufügen und untermischen. Mit Bohnenkraut, Salz und Pfeffer aus der Mühle würzen.
5. Den Knoblauch schälen und durch die Knoblauchpresse dazudrücken. Alles noch weitere 10 Minuten köcheln lassen.

Im Sommer sind natürlich frische Bohnen zu empfehlen, allerdings verlängert sich dann die Zubereitungszeit um etwa 15 Minuten.
Beilage zu Schweinekoteletts oder Bratwürstchen und Salzkartoffeln.

Junge Ente mit Pfirsichen

Für 4 Personen, Zubereitungszeit: 1 Stunde 20 Minuten.
Pro Portion: 995 kcal/4160kJ, 57 g E, 60 g F, 39 g K.

1 junge, fleischige Ente mit Entenklein (1,5 kg), Salz, weißer Pfeffer aus der Mühle, 1 TL Ingwerpulver, 1/2 Bund Suppengrün, 4 EL Butter, 1 1/2 kg reife Pfirsiche (am aromatischsten sind weiße Pfirsiche), 2 EL Zucker, 2 cl Mirabellengeist oder Kirschwasser, 2 EL Weinessig, 1 EL Stärkemehl

1. Das Entenklein (Hals, Flügelspitzen, Magen, Herz) gründlich waschen. Das Suppengrün waschen und in Streifen schneiden. Entenklein, Suppengrün und Salz in 1/2 l Wasser 1 Stunde kochen lassen. Dann durch ein Sieb gießen.
2. Den Backofen auf 220 °C vorheizen.
3. Die Ente waschen und trockentupfen. Von innen mit Salz, Pfeffer und der Hälfte des Ingwerpulvers einreiben. In einem eisernen Schmortopf 1 Eßlöffel Butter zerlassen und die Ente darin von allen Seiten anbraten. Den Topf gut verschließen und auf die untere Schiene in den Backofen stellen. Die Ente 1 Stunde braten, die letzten 5 Minuten im offenen Topf bräunen lassen. Wenn man mit einer Stricknadel in den Schenkelansatz der Ente sticht, muß ein zartrosa Saft heraustreten. Die fertige Ente aus dem Topf nehmen und warmstellen.
4. In der Bratzeit der Ente die Pfirsiche halbieren, die Haut abziehen (bei reifen Früchten geht das leicht, sonst blanchieren), den Kern entfernen und die Pfirsichhälften in dicke Streifen schneiden.
5. 2 Eßlöffel Butter in einem Schmortopf zerlassen und die Pfirsichstreifen darin unter Wenden 10 Minuten schmoren lassen, dabei mit dem restlichen Ingwer bestreuen. Den Zucker hinzufügen, der leicht karamelisieren soll. Mit dem Alkohol übergießen und flambieren.
6. Den Bratensaft der Ente entfetten und mit der Entenbrühe aufgießen. Etwas einkochen lassen. Den Weinessig mit 2 Eßlöffeln Wasser und dem Stärkemehl vermischen und die Sauce damit binden. Ein Drittel der Pfirsichstreifen hinzufügen.
7. Die Ente tranchieren und auf einer vorgewärmten Platte anrichten. Mit den Pfirsichen umkränzen und einen Teil der Sauce darüber verteilen. Die restliche Sauce getrennt reichen.

Beilage: körnig gekochter Reis oder Kartoffelbällchen

Getränkeempfehlung: Gewürztraminer aus dem Elsaß

Provenzalischer Gemüsetopf

Für 10 Personen, Zubereitungszeit: 3 Stunden.
Pro Portion: 575 kcal, 6 g E, 5 1 g F, 18 g K.

3 große spanische Gemüsezwiebeln, 3 Knoblauchzehen, 1/2 l Olivenöl, 1 kg Fleischtomaten, 1/4 l Weißwein, 1/4 l Tomatensaft, 1 Gewürzsträußchen (2 Lorbeerblätter, je ein Zweig Rosmarin, Thymian, 3 Stengel Petersilie), Salz, schwarzer Pfeffer aus der Mühle, 4 rote oder gelbe Paprikaschoten (ca. 800 g), 1 1/2 kg Auberginen, 1 1/2 kg Zucchini

1. Die Zwiebeln und die Knoblauchzehen schälen, die Zwiebeln in Scheiben schneiden. Die Tomaten mit kochendem Wasser überbrühen, abziehen und in Stücke schneiden, dabei das harte gelbe Mark zurücklassen.
2. Vom Öl 8 Eßlöffel in einem großen Steinguttopf oder einem Schmortopf erhitzen und die Zwiebeln darin glasig braten. Die Tomatenstücke und die Knoblauchzehen zu den Zwiebeln geben und mit der Hälfte des Weißweins und dem Tomatensaft aufgießen. Das Gewürzsträußchen sowie Salz und Pfeffer hinzufügen und alles bei leichter Hitze 10 Minuten schmoren lassen.
3. Inzwischen die Paprikaschoten halbieren, entkernen und in Streifen schneiden.
4. Die Auberginen und die Zucchini waschen, schälen und in Scheiben schneiden. In einem Topf weitere 8 Eßlöffel Öl erhitzen und das

Gemüse darin bei starker Hitze unter gelegentlichem Rühren schmoren, bis es eine gelbe Farbe hat.
5. Den Backofen auf 190 °C vorheizen.
6. Das restliche Öl in einem weiteren Topf erhitzen und die Paprikastreifen darin anbraten.
7. Sämtliche Gemüse in den Topf zu der Zwiebel-Tomaten-Mischung geben, den restlichen Wein dazugießen und den Topf mit einem Deckel verschließen.
8. In den Backofen auf die mittlere Schiene geben und 2 Stunden schmoren lassen. Das Gemüse mit einem Schaumlöffel herausheben, kurz abtropfen lassen (es soll aber noch ganz von dem Olivenöl durchzogen sein) und in eine Schüssel füllen. Das aromatische, abgetropfte Öl zum Kochen verwenden.
Der Gemüsetopf schmeckt warm und kalt gleich gut.
Beilage: frisches Baguette
Getränkeempfehlung: roter Landwein oder ein leichter französischer Rosé

Rinderhacksteaks mit geschmorten Tomaten

Für 4 Personen, Zubereitungszeit: 30 Minuten.
Pro Portion: 220 kcal, 31 g E, 9 g F, 4 g K.

500 g Tatar, 100 g Magerquark, 1 Zwiebel (fein gehackt), Salz, schwarzer Pfeffer aus der Mühle,
1 TL feinwürziger Kräutersenf, 4 Fleischtomaten,
2 EL Olivenöl, 1–2 Knoblauchzehen,
1 EL gehackte frische Oreganoblätter oder
1 TL getrockneter Oregano, 1 EL gehackte Petersilie

1. Das Tatar mit Quark und Zwiebelwürfeln zu einem Fleischteig verkneten. Mit Salz, Pfeffer und Senf herzhaft abschmecken und zu vier gleich großen, runden Hacksteaks formen.
2. Die Tomaten blanchieren, häuten und vierteln, dabei Stengelansätze und Kerne entfernen.
3. Das Öl in einer beschichteten Pfanne erhitzen und die Hacksteaks darin von jeder Seite 2 Minuten bei mittlerer Hitze anbraten. Die Tomatenstücke um die Fleischplätzchen verteilen, mit Knoblauch aus der Presse beträufeln und mit dem Oregano bestreuen. Zugedeckt 4–5 Minuten bei schwacher Hitze köcheln lassen.
4. Die Hacksteaks aus der Sauce nehmen und auf eine vorgewärmte Platte legen. Mit den Tomaten bedecken und mit Petersilie bestreuen.
Fein schmeckt es, wenn man die Hacksteaks kurz vor Ende der Garzeit mit je einer Scheibe Mozzarella belegt.
Beilage: Röstkartoffeln

Kalbsnieren mit milder Paprikasauce

Für 4 Personen, Zubereitungszeit: 35 Minuten.
Pro Portion: 300 kcal, 22 g E, 21 g F, 4 g K.

1 rote Paprikaschote, 2 EL Weißwein, 600 g ganze Kalbsniere (mit wenig Fett), 1 EL Wodka (nach Belieben), 1 EL Butterschmalz, 1 EL feingehackte Schalotte, 125 g Sahne, Salz, Pfeffer aus der Mühle, 1 TL Paprika (edelsüß), 1 EL feingeschnittener Dill

1. Die Paprika halbieren, entkernen und mit der Schnittseite nach unten auf ein Backblech oder auf einen Grill legen. So lange bei 200 °C braten, bis die Haut braune Flecken bekommt.
2. Die Paprikaschote aus dem Ofen nehmen, 2–3 Minuten mit einem Küchentuch abdecken und schälen. Das Fruchtfleisch in kleine Würfel schneiden und im Mixer mit dem Weißwein pürieren.
3. Die Kalbsniere trockentupfen und am Stück im eigenen Fett von allen Seiten rasch anbraten, auf einen Teller legen und beiseite stellen. Das überschüssige Fett aus der Pfanne in eine zweite Pfanne gießen und für das Braten der Nierenscheiben aufheben. Den Bratensatz in der Pfanne belassen.

4. Die Niere quer in $^1/_2$ cm dicke Scheiben schneiden und in dem Nierenfett sehr rasch anbraten, bis sie nur noch leicht blutig ist. Die Nierenscheiben mit dem Wodka begießen und flambieren. Aus der Pfanne nehmen und warm stellen.
5. Das Butterschmalz und die gehackte Schalotte in den Bratensatz geben. Nach 1–2 Minuten das Paprikaschotenpüree zufügen. Rasch aufkochen und eindicken lassen. Die Sahne dazugeben und unter Rühren kochen, bis die Sauce sämig wird. Mit Salz, Pfeffer und Paprikapulver würzen.
6. Die Sauce auf vorgewärmte Teller verteilen, die Nierenscheiben darauf anordnen und mit Dill oder Schnittlauch bestreuen.

Beilage: schmale selbstgemachte Nudeln
Getränkeempfehlung: Rioja

Paprikagemüse Serbische Art

Für 4 Personen, Zubereitungszeit: 30 Minuten.
Pro Portion: 335 kcal, 6 g E, 29 g F, 13 g K.

1 kg gelbe Paprikaschoten, 750 g Tomaten, 2 große Zwiebeln, 50 g geräucherter Speck, 80 g Schweineschmalz, 1 EL Paprikapulver (edelsüß), Salz

1. Die Paprikaschoten halbieren, entkernen, waschen und in Streifen schneiden. Die Tomaten mit kochendem Wasser überbrühen, abziehen und in Viertel schneiden, dabei das harte gelbe Mark entfernen. Die Zwiebeln schälen und würfeln.
2. Den Speck in Würfel schneiden. Das Fett in einer Pfanne erhitzen und den Speck darin glasig braten. Die Zwiebelwürfel zufügen und ebenfalls anbraten.
3. Die Paprikastreifen und die Tomatenviertel in die Pfanne geben, mit Paprikapulver überstäuben und das Gemüse unter gelegentlichem Umrühren bei leichter Hitze in 20 Minuten weich dünsten. Mit Salz abschmecken.

Beilage: Reis oder Pellkartoffeln
Getränkeempfehlung: roter Landwein

Rinderfilet mit Sauerkirschsauce

Für 4 Personen, Zubereitungszeit: 40 Minuten.
Pro Portion: 450 kcal, 20 g E, 28 g F, 21 g K.

200 g frische Perlzwiebeln, Salz, 400 g Sauerkirschen, 2 Schalotten, 1/4 l Rinderbrühe (selbstgemacht), 1/8 l Rotwein, 1/8 l Sauerkirschsaft, 6 cl roter Portwein, 4 Scheiben Rinderfilet (à 80 g), weißer Pfeffer aus der Mühle, 4 EL Traubenkernöl, 1 TL Pfeilwurzelmehl (Merantastärke), 40 g Butter

1. Die Perlzwiebeln schälen und 1 Minute in kochendem Salzwasser blanchieren. Kirschen entsteinen.
2. Die Schalotten schälen, in kleine Würfel schneiden und mit Brühe, Rotwein, Sauerkirschsaft und Portwein in eine Sauteuse oder einen hochwandigen Topf geben. Bei starker Hitze um ein Drittel einkochen lassen.
3. Währenddessen die Steaks trockentupfen und mit Salz und Pfeffer würzen. 2 Eßlöffel Traubenkernöl in einer Pfanne erhitzen und das Fleisch darin von beiden Seiten etwa 2 Minuten anbraten, dabei mehrmals wenden. Aus der Pfanne nehmen und mit Alufolie umhüllt ruhen lassen.
4. Das restliche Öl zum Bratfett der Steaks geben und die Perlzwiebeln darin bei starker Hitze anschwitzen. Mit Salz und Pfeffer würzen. 300 g Kirschen dazugeben und kurz durchschwenken.
5. Die reduzierte Sauce durch ein Sieb gießen, erneut zum Kochen bringen und mit dem Pfeilwurzelmehl binden. Zum Schluß die kalte Butter in kleinen Flöckchen unter die Sauce geben und die restlichen Kirschen zufügen.
6. Die Steaks auf vorgewärmte Teller geben, mit den Zwiebeln und Kirschen umkränzen und mit der Sauce begießen.

Beilage: Kartoffelgnocchi, mit gehackten Haselnüssen zubereitet
Getränkeempfehlung: badischer Spätburgunder

Geschmortes Kalbsherz

Für 4 Personen, Zubereitungszeit: 30 Minuten.
Pro Portion: 450 kcal, 29 g E, 28 g F, 4 g K.

2 Kalbsherzen (à 400 g), Salz, weißer Pfeffer aus der Mühle, 1 EL Öl, 1 EL Butter,

Sauce:
2–3 Schalotten, 150 g frische Champignons, 1 Bund Suppengrün, 40 g Butter, 1/8 l trockener Weißwein, 4 EL Crème fraîche

1. Die Kalbsherzen waschen, trockentupfen, halbieren, von Haut, Sehnen und Knorpeln befreien, salzen und pfeffern.
2. Öl und Butter in einer Pfanne erhitzen und die Herzhälften darin scharf anbraten. Zudecken und bei schwacher Hitze 10 Minuten schmoren lassen.
3. Für die Sauce die Schalotten schälen und fein wiegen, die geputzten Champignons in Scheiben und das Suppengrün in feine Streifen schneiden.
4. Die Butter in einem kleinen Topf erhitzen und das Gemüse darin 10 Minuten andünsten. Mit dem Weißwein ablöschen, etwas einkochen lassen, die Crème fraîche unterziehen und die Sauce noch einmal kurz durchkochen.
5. Die Kalbsherzhälften in dünne Scheiben schneiden (sie sollen innen noch zartrosa sein) und auf einer vorgewärmten Platte anrichten. Mit der Sauce übergießen.

Anstelle von Kalbsherzen kann man auch 800 g Schweineherzen für dieses Rezept verwenden.

Beilage: Spätzle oder Nudeln und Salat
Getränkeempfehlung: badischer Weißburgunder

Geschnetzeltes vom Kalb mit Bohnen und Kokosraspel

Für 4 Personen, Zubereitungszeit: 45 Minuten.
Pro Portion: 550 kcal, 26 g E, 39 g F, 24 g K.

400 g Kalbsfilet, 300 g frische Dicke Bohnen (Puff- oder Saubohnen), Salz, weißer Pfeffer aus der Mühle, 3 EL Traubenkernöl, 100 g frische Kokosraspel, Milch von 1 Kokosnuß, 1/4 l Rinderbrühe (selbstgemacht), 250 g Crème fraîche, 1 Stengel frisches Zitronengras, ersatzweise etwas frischgeriebene Ingwerwurzel, 1 Bund Basilikum

1. Das Kalbsfilet trockentupfen und in feine Streifen schneiden. Die Bohnen auspalen und in kochendem Salzwasser etwa 1 Minute blanchieren. Anschließend abgießen, mit kaltem Wasser abschrecken und die äußere grüne Haut abziehen.
2. Die Fleischstreifen mit Salz und Pfeffer würzen. Das Öl in einer Pfanne erhitzen, das Fleisch darin anschwitzen und wieder herausnehmen. Bohnen und Kokosraspel in das Bratfett geben, anschwitzen, mit Salz und Pfeffer würzen und das Fleisch wieder hinzufügen. Mit Kokosmilch, Brühe und Crème fraîche ablöschen und sämig einkochen lassen.

3. Zitronengras und Basilikum in feine Streifen schneiden und zum Schluß unter das Geschnetzelte mischen. Gleich anrichten.
Beilage: hausgemachte Basilikumnudeln
Getränkeempfehlung: halbtrockener Riesling, z. B. von der Mosel oder aus dem Rheingau

Schweinebraten mit exotischen Früchten

Für 6 Personen, Zubereitungszeit: 2 Stunden 20 Minuten.
Pro Portion: 745 kcal, 41 g E, 37 g F, 43 g K.

3 EL Senf, 3 EL Honig, 1,2–1,5 kg Schweinebraten (aus dem Nacken), Salz, weißer Pfeffer aus der Mühle, Muskatnuß, Koriander, 1 halbiertes Schweinsfüßchen, 2 EL Butterschmalz, 6 EL herber Sherry, 0,2 l Fleischbrühe

Sauce:
1/4 l herber Sherry, 2 EL Stärkemehl, 1/4 l Ananassaft, 2 EL Sojasauce, Salz, Pfeffer aus der Mühle, Cayennepfeffer

Garnitur:
2 Kiwis, 2 Mango, 1 Papaya, 1 kleine Ananas, 6 Feigen, 1 EL Kochbutter

1. Den Senf und den Honig gut vermischen. Das Fleischstück mit Salz, Pfeffer, etwas Muskatnuß und einer Prise Koriander einreiben. Dann mit der Honig-Senf-Mischung bestreichen.
2. Den Braten waschen, trockentupfen und samt dem Schweinefüßchen in einen mit Butterschmalz ausgestrichenen Bräter legen. Im vorgeheizten Backofen bei 240 °C von allen Seiten anbraten. Mit 6 Eßlöffeln Sherry ablöschen und nach und nach die heiße Flüssigkeit zufügen. Die Temperatur auf 200 °C herunterschalten und das Fleisch nach 2 Stunden aus dem Ofen nehmen. In Alufolie einwickeln und warmstellen.
3. Den Bratenfond mit dem herben Sherry aufkochen. Das Stärkemehl mit dem Ananassaft verrühren, zur Sauce geben und diese unter Rühren so lange kochen, bis sie leicht

gebunden und schön sämig ist. Mit Salz, Pfeffer, Cayennepfeffer und Sojasauce würzen.
4. Die Früchte schälen, wenn nötig entkernen, in dünne Scheiben schneiden und sehr rasch in der geschmolzenen Butter erwärmen.
5. Den Braten am Stück servieren und mit den Früchten garnieren. Die Sauce separat reichen.
Beilage: kleine Crêpes
Getränkeempfehlung: Roséwein

Italienische Tomatencremesuppe

Für 4 Personen, Zubereitungszeit: 30 Minuten.
Pro Portion: 260 kcal, 4 g E, 20 g F, 17 g K.

1 kg reife, saftige Tomaten, 1 kleine Zwiebel, 1/2 l Fleischbrühe (aus Extrakt), Salz, 1 TL Zucker, 1 Knoblauchzehe, 1 Nelke, 1 kleiner Zweig Rosmarin, 125 g Crème double, einige Basilikumblätter, schwarzer Pfeffer aus der Mühle

Außerdem:
1 Brötchen vom Vortag, 30 g Butter, frischgeriebener Parmesan zum Bestreuen

1. Die Tomaten waschen und in Stücke schneiden. Die Zwiebel schälen und grob würfeln. Die Tomaten in einen Topf geben, mit der Fleischbrühe bedecken und Salz, Zucker, Zwiebel, geschälte Knoblauchzehe, Nelke und Rosmarin hinzufügen. Kochen lassen, bis die Tomaten ganz weich sind. Durch ein Sieb passieren, wieder in den Topf geben und 3 Minuten kochen lassen.
2. Die Crème double und etwas Tomatensuppe mit dem Schneebesen verrühren und an die Suppe geben. Unter Rühren aufkochen lassen und mit dem streifig geschnittenen Basilikum vermischen.
3. Das Brötchen in Würfel schneiden. Die Butter in einer Pfanne erhitzen und die Brotwürfel darin goldgelb braten.
4. Die Suppe mit etwas Pfeffer und Salz abschmecken. Auf Teller füllen und die Brotwürfel hineingeben. Den geriebenen Käse getrennt reichen.

Avocadocreme-Kaltschale

Für 4 Personen, Zubereitungszeit: 20 Minuten, Kühlzeit: 30 Minuten.
Pro Portion: 435 kcal, 4 g E, 42 g F, 4 g K.

2 reife Avocados, 1/8 l Weißwein, 3/4 l entfettete Fleischbrühe (möglichst selbstgemacht), 150 g Crème fraîche, 2 TL Zitronensaft, Salz, schwarzer Pfeffer aus der Mühle, frische Minzeblätter

1. Die Avocados halbieren, die Kerne herauslösen. Die Hälften schälen und das Fruchtfleisch in Stücke schneiden. Mit dem Weißwein zu Püree verarbeiten.
2. Die Fleischbrühe in einem Kochtopf aufkochen, vom Herd nehmen und unter Schlagen mit einem Schneebesen mit dem Avocadopüree vermischen. Die Crème fraîche unterrühren und die Suppe mit Zitronensaft Salz und Pfeffer abschmecken. Für 30 Minuten in den Kühlschrank stellen.
3. Die Minze in Streifen schneiden und unter die Kaltschale rühren.
Einlage: in Öl geröstete Weißbrotwürfel und einige dünne Scheiben Avocado

Rote Paprikasuppe mit Jakobsmuscheln

Für 4 Personen, Zubereitungszeit: 50 Minuten.
Pro Portion: 210 kcal, 3 g E, 18 g F, 9 g K.

4 Jakobsmuscheln, 2 EL Olivenöl, 1 EL Zitronensaft, 1 TL gehackter Dill, Salz, Pfeffer aus der Mühle, 4 große rote Paprikaschoten, 1 EL Butter, 2 EL feingehackte Schalotten, 1 EL Zucker, 1 EL Tomatenpüree, 1 EL edelsüßes Paprikapulver, Saft von 1 Zitrone, $^{1}/_{4}$ l Geflügelbouillon, 125 g Sahne, je 1 Zweig Rosmarin und Petersilie, Salz, weißer Pfeffer aus der Mühle, 4 Dillzweige für die Garnitur

1. Die Muscheln öffnen. Dazu nimmt man sie einzeln mit einem Handtuch in die Hand, mit der flachen Schalenhälfte nach oben. Mit einem spitzen, großen Messer zwischen die Schalen fahren und den Muskel an der flachen Innenseite durchtrennen. Die flache Schale abheben, dabei die untere Schale festhalten. Mit dem Messer am Rand des Fleisches entlangfahren und die Muschel vorsichtig herauslösen. Den grauen Bartrand abschneiden.
2. Den Rogen und den Rest des Schließmuskels entfernen und das Muschelfleisch quer in sehr dünne Scheiben schneiden. Aus Olivenöl, Zitronensaft und gehacktem Dill eine Marinade herstellen. Das Muschelfleisch damit bestreichen und 1–2 Stunden kaltstellen.
3. Die Paprikaschoten waschen, putzen und der Länge nach halbieren, vierteln, entkernen und in feine Streifen schneiden.
4. Die Butter in einem Topf erhitzen und die Schalotten darin andünsten. Den Zucker hineinstreuen und unter Rühren leicht karamelisieren lassen. Das Tomatenpüree zufügen. Die Paprikastreifen und das Paprikapulver zugeben und mit dem Zitronensaft ablöschen. Mit der Geflügelbouillon und der Sahne auffüllen, zum Kochen bringen und alles 8–10 Minuten bei geringer Hitze kochen lassen. Die Kräuter dazugeben, 2 Minuten ziehen lassen und wieder herausnehmen.
5. Die Suppe im Mixer fein pürieren und durch ein Sieb passieren. Mit Salz und Pfeffer abschmecken und in Tassen verteilen.
6. Die Jakobsmuscheln salzen, pfeffern, auf die Suppe legen und mit Dill garnieren.

Beilage: Weißbrot
Getränkeempfehlung: Rosé

Wildhasenrücken mit Kirschen

(Mikrowellen-Rezept)

Für 2–3 Personen, Zubereitungszeit: 35 Minuten, Marinierzeit: 2 Stunden.
Pro Portion bei 2 Personen: 785 kcal, 70 g E, 36 g F, 11 g K.

1 Wildhasenrücken (ca. 800 g), Salz, schwarzer Pfeffer aus der Mühle, 1 Msp. gemahlener Zimt, 1 Msp. gemahlener Ingwer, 1 Msp. gemahlene Gewürznelken, abgeriebene Schale $^{1}/_{2}$ unbehandelten Zitrone, 1 EL Öl, 50 g Butter, $^{1}/_{4}$ l kräftiger Rotwein, 200 g entsteinte Sauerkirschen

1. Den Hasenrücken vorsichtig häuten. Salz und die Gewürze miteinander vermischen und den Hasenrücken damit einreiben. Mit Sichtfolie umfüllt 2 Stunden marinieren lassen.
2. Öl und 20 g Butter in einer Kasserolle auf dem Herd erhitzen und den Rücken darin von allen Seiten bei starker Hitze gleichmäßig

anbraten. Mit Rotwein aufgießen und kurz aufkochen lassen.
3. Den Hasenrücken mit dem Bratenfond in eine längliche Mikrowellenform geben und zugedeckt 10–12 Minuten bei 360 Watt garen. Nach 6 Minuten die Kirschen dazugeben und den Rücken mit Bratenfond begießen.
4. Den Rücken herausnehmen und mit Alufolie umfüllt nachgaren lassen. Die Kirschen mit einem Seihlöffel aus dem Bratenfond nehmen und in einer Schüssel warm stellen. Den Bratenfond 3–4 Minuten bei 600 Watt durchkochen lassen, dann die restliche eiskalte Butter in kleinen Flöckchen mit einem Schneebesen unter die Sauce schlagen.
5. Die Rückenfilets vom Knochengerüst lösen, dabei die kleinen Filets an der Unterseite nicht vergessen. Das Fleisch in schräge Scheiben schneiden und wieder auf dem Knochen anrichten. Mit den Kirschen umkränzen und die Sauce getrennt dazu servieren.
Beilage: Kartoffelplätzchen und Selleriepüree
Getränkeempfehlung: spanischer Rotwein, z. B. Rioja

Das Element Erde

Rezepte für Wurzelpflanzen

Sie reifen in der Erde und haben in herzhaften und deftigen Gerichten ihren großen Auftritt: Wurzelpflanzen wie Kartoffeln, Zwiebeln, Kohlrabi oder Lauch. An den Erdtagen von Stier, Steinbock und Jungfrau schmecken und bekommen sie uns besonders gut. Und weil die Astrologie dem Erdelement die Farbe Grün zuordnet, darf an Wurzeltagen ein wenig Grün auf dem gedeckten Tisch nicht fehlen …

Schalotten in Pilz-Sahne-Sauce

Für 6–8 Personen, Zubereitungszeit: 55–60 Minuten.
Pro Portion bei 8 Personen: 105 kcal, 3 g E, 7 g F, 7 g K.

800 g Schalotten, 300 g kleine Champignons, 1 EL Butter, Salz, Pfeffer aus der Mühle, 2 EL trockener Sherry, 125 g Sahne, 1 EL feingeschnittener Schnittlauch

1. Die Schalotten 2 Minuten in kochendem Wasser blanchieren, mit kaltem Wasser abschrecken und schälen. In kaltes Salzwasser geben, noch einmal aufkochen, und etwa 5 Minuten weiterkochen, bis die Schalotten gar sind.
2. Inzwischen die Champignons putzen und in der Butter dünsten. Mit Salz und Pfeffer würzen.
3. Die Schalotten abgießen. Die Kochflüssigkeit in einem Topf auffangen und bis auf 6 Eßlöffel einkochen. Die Schalotten zu den Champignons geben.
4. Den Sherry und die eingekochte Flüssigkeit zum Gemüse geben und vollständig einkochen lassen, dann die Sahne hinzufügen. Nochmals kochen, bis eine sämige Sauce entsteht. Mit Salz und Pfeffer abschmecken, in eine Schüssel füllen, mit Schnittlauch bestreuen und als Beilage servieren.

Gemüsezwiebeln mit asiatischer Füllung

Für 4 Personen, Zubereitungszeit: 1 Stunde 30 Minuten.
Pro Portion: 300 kcal, 5 g E, 14 g F, 34 g K.

4 Gemüsezwiebeln, 1 mittelgroße Möhre, 100 g Staudensellerie, 40 g Butter oder Margarine, Salz, weißer Pfeffer aus der Mühle, 150 g Shiitakepilze (Tongkupilze), 1/4 l Rinderfond (selbstgemacht), 1 EL gehackte Ingwerwurzel, 4 cl Reiswein (Sake), 1 cl Sojasauce, 2 cl Sherryessig, 100 g gekochter Basmatireis, Fett für die Form

1. Die Zwiebeln schälen, einen Deckel abschneiden und das Innere mit einem Messer kreuzweise einschneiden, dabei darauf achten, daß die äußeren beiden Zwiebelschichten nicht verletzt werden. Das Innere mit einem Kugelausstecher herauslösen und kleinhacken.
2. Möhre schälen, Selleriestangen putzen, waschen und in kleine Würfel schneiden.
3. 20 g Fett in einer Kasserolle erhitzen und die Zwiebel-, Möhren- und Selleriewürfel darin anschwitzen. Mit Salz und Pfeffer würzen.

4. Die Shiitakepilze in kleine Stücke schneiden, in dem restlichen Fett ebenfalls anschwitzen und würzen.
5. Den Rinderfond mit Ingwer, Reiswein, Sojasauce und Sherryessig zum Kochen bringen und einmal aufkochen lassen.
6. Den Backofen auf 200 °C vorheizen.
7. Reis, Gemüse, Pilze und Sauce gründlich miteinander vermischen und noch einmal mit Salz und Pfeffer abschmecken.
8. Die ausgehöhlten Zwiebeln nebeneinander in eine gefettete Auflaufform stellen und mit der Reismischung füllen. Zugedeckt in 45 Minuten gar backen, dabei nach 30 Minuten den Deckel abnehmen und offen fertiggaren.

Kartoffelgnocchi mit Basilikumsauce

Für 4 Personen, Zubereitungszeit: 1 Stunde.
Pro Portion: 780 kcal, 21 g E, 60 g F, 34 g K.

Gnocchiteig:
400 g mehlig kochende Kartoffeln, Salz, 1 Ei, 100 g Mascarpone, 75 g Weizengrieß, 100 g Pinienkerne (geröstet), weißer Pfeffer aus der Mühle, frischgeriebene Muskatnuß, Mehl zum Formen

Sauce:
1/4 l Kalbs- oder Geflügelbrühe (selbstgemacht), 250 g Sahne, 2 cl Sherryessig, 2 cl Sherry Fino, 1 Bund Basilikum, 2 EL geschlagene Sahne

Außerdem:
4 EL Olivenöl zum Braten, 100 g Pecorino (frisch gerieben)

1. Für den Teig die Kartoffeln waschen, schälen und in Viertel schneiden. In wenig Salzwasser gar kochen. Das Kochwasser abgießen, die Kartoffeln durch eine Kartoffelpresse drücken und abdampfen lassen. Ei, Mascarpone und den Grieß sowie die Pinienkerne untermischen, mit Salz, Pfeffer und Muskat würzen und alles zu einem glatten Teig verkneten.
2. Die Kartoffelmasse in einen großen Spritzbeutel mit großer Lochtülle füllen, fingerdicke Rollen auf eine bemehlte Arbeitsfläche spritzen und diese in 2–3 cm lange Stücke schneiden.
3. Für die Sauce die Brühe, Sahne, den Essig und Sherry in einer Sauteuse oder einem hochwandigen Topf um ein Drittel einkochen lassen.
4. In einem großen Kochtopf reichlich Salzwasser zum Kochen bringen. Die Gnocchi in dem Salzwasser gar ziehen lassen. Sobald sie an der Oberfläche schwimmen, mit einem Schaumlöffel herausheben und gut abgetropft in dem erhitzten Olivenöl kurz anbraten. Mit Salz und Pfeffer würzen.
5. Zum Schluß Basilikumblätter fein hacken und mit der geschlagenen Sahne unter die eingekochte Sauce ziehen.
6. Die Gnocchi auf vorgewärmte Teller verteilen, mit der Sauce begießen und mit dem geriebenen Käse bestreut servieren.

Getränkeempfehlung: trockener, kräftiger Weißburgunder, z. B. eine Spätlese aus der Mittelhaardt

Möhrentartes

Für 4 Personen, Zubereitungszeit: 1 Stunde.
Pro Portion: 505 kcal, 8 g E, 42 g F, 19 g K.

200 g tiefgekühlter Vollkornblätterteig, Hülsenfrüchte zum Blindbacken

Belag:
200 g junge Möhren, 2 EL gehackte Möhrenblätter, 40 g geklärte Butter oder Margarine, 100 g Sahne, 4 cl Möhrensaft, 3 Eier, Salz, weißer Pfeffer aus der Mühle, frischgeriebene Muskatnuß

1. Die Blätterteigplatten auftauen lassen. Den Backofen auf 200 °C vorheizen.
2. Die Teigplatten übereinanderlegen und zu einer runden Platte von 28 cm ausrollen. Boden und Rand einer mit kaltem Wasser ausgespülten Tarteform mit 24 cm Durchmesser oder kleine Torteletteförmchen mit dem Teig auskleiden und den Boden mit Linsen oder Trockenerbsen belegen. 10 Minuten auf der mittleren Schiene vorbacken, dann die Hülsenfrüchte entfernen.
3. Währenddessen für den Belag die Möhren waschen, die jungen, zarten Blätter abschneiden, fein hacken und beiseite legen. Die Möhren schaben und auf der groben Seite einer Rohkostreibe raspeln. die geklärte Butter oder Margarine in einer Pfanne schmelzen lassen und das Gemüse darin bei mittlerer Hitze kurz anschwitzen. Mit Salz und Pfeffer würzen, von der Kochstelle nehmen und etwas abkühlen lassen.
3. Sahne und Möhrensaft sowie nach und nach die Eier miteinander verquirlen, die gehackten Möhrenblätter hinzufügen und mit Salz, Pfeffer und Muskat würzig abschmecken.
4. Die Möhrenmischung auf dem vorgebackenen Blätterteig verteilen und mit der Sahne-Eier-Mischung begießen. Die Tarte oder Torteletts auf der mittleren Schiene ca. 15–20 Minuten backen.

Kohlrabigratin mit Pistazien

(Mikrowellen-Rezept)

Für 2 Personen, Zubereitungszeit: 30 Minuten.
Pro Portion: 580 kcal, 15 g E, 53 g F, 10 g K.

2 mittelgroße junge Kohlrabi (à 200 g), 1 kleine Zwiebel, 50 g magerer Schinkenspeck (Bacon), 2 EL Öl, 150 g Crème fraîche, 2 EL frischgeriebener Parmesan, 1 EL gehackte Petersilie, Salz, weißer Pfeffer aus der Mühle, 2 EL gehackte Pistazien

1. Von den Kohlrabi die Blätter entfernen, die inneren zarten Blätter fein hacken und beiseite legen. Die Knollen schälen und quer zum Blattansatz in 2 mm dünne Scheiben schneiden. Die Zwiebel schälen und so wie den Schinkenspeck in kleine Würfel schneiden.
2. Den Backofen eines Kombi-Gerätes auf 200 °C vorheizen.
3. Zwiebel- und Schinkenwürfel mit dem Öl in eine Mikrowellenform geben und in 3–4 Minuten bei 600 Watt glasig braten.
4. Crème fraîche, Parmesan, Petersilie und die gehackten Kohlrabiblätter mit den Zwiebel- und Schinkenwürfeln vermischen und mit Salz und Pfeffer würzig abschmecken.
5. Eine runde, mikrowellengeeignete Auflaufform einfetten. Die Kohlrabischeiben kreisför-

mig auf dem Boden anordnen. Mit einem Teil der Crème-fraîche-Mischung bestreichen, erneut mit Gemüsescheiben bedecken und so fortfahren, bis alle Zutaten verbraucht sind. Die oberste Schicht soll Crème fraîche sein.
6. Den Gratin mit Pistazien bestreuen und auf der mittleren Schiene des Backofens in 14–16 Minuten bei 600 Watt und 200 °C (Heißluft 180 °C) goldbraun backen.
Beilage zu Kalbsbraten.

Radieschengemüse

Für 4 Personen, Zubereitungszeit: 20 Minuten.
Pro Portion: 70 kcal, 1 g E, 6 g F, 2 g K.

3–4 Bund Radieschen (je nach Größe), 2 EL Butter, Salz, schwarzer Pfeffer aus der Mühle, Saft von 1/2 Zitrone

1. Die Radieschen von den Blättern befreien, waschen und das Wurzelende entfernen. Von den Radieschenblättern einige schöne heraussuchen, gründlich waschen und trockentupfen. Die Radieschen, je nach Größe, halbieren oder vierteln.
2. Die Butter in einer Pfanne mit hohem Rand schmelzen. die Radieschen hinzufügen, salzen, pfeffern und zugedeckt bei mittlerer Hitze 10 Minuten dünsten. Nach 5 Minuten den Zitronensaft zugießen.
3. Die Radieschenblätter in sehr schmale Streifen schneiden und kurz vor Garzeitende unter die Radieschen mischen.
Die Radieschen können Sie gut mit Champignons mischen, dann die Radieschenmenge reduzieren.
Beilage zu Kurzgebratenem wie Schweinefilet, Lammkoteletts, aber auch zu gedünsteter Hühnerbrust oder zu gebratenem Fisch.

Mallorquinische Zwiebelhäppchen

Für 4 Personen, Zubereitungszeit: 15 Minuten.
Pro Portion: 285 kcal, 11 g E, 20 g F, 12 g K.

4 mittelgroße, milde Zwiebeln, 4 Scheiben Toastbrot, 2 EL Butter, 2 EL Mayonnaise (selbstgemacht), 150 g mittelalter Gouda oder Bergkäse (frisch gerieben)

1. Den Backofen auf 200 °C vorheizen.
2. Die geschälten Zwiebeln in dünne Scheiben schneiden. Die Toastscheiben diagonal durchschneiden, mit Butter bestreichen und mit den Zwiebelringen belegen. Mit Mayonnaise bestreichen und mit dem geriebenen Käse bestreuen.
3. Die Zwiebelhäppchen auf eine feuerfeste Platte legen und im Backofen überbacken, bis der Käse goldgelb ist. Sofort servieren.
Getränkeempfehlung: Sherry

Entenbrust mit Honigschalotten in Balsamico

Für 4 Personen, Zubereitungszeit: 30 Minuten.
Pro Portion: 450 kcal, 15 g E, 31 g F, 9 g K.

4 ausgelöste Entenbrüste, Salz, weißer Pfeffer aus der Mühle, 4 kleine Schalotten, 1 EL geklärte Butter oder Margarine, 1/4 l herber Rotwein, 6 cl Portwein, 10 cl Aceto Balsamico (mind. 10 Jahre alt), 2 EL Honig, 1/4 l Rinderfond (selbstgemacht), 2 EL Öl oder Entenschmalz, 50 g Butter

1. Die Entenbrüste mit Salz und Pfeffer würzen.
2. Den Backofen auf 200 °C vorheizen.
3. Die Schalotten schälen und gegebenenfalls halbieren. Die Butter oder Margarine in einem kleinen Topf erhitzen und die Schalotten darin weich und glasig braten. Den Honig, den herben Rotwein, Portwein und Aceto Balsamico dazugeben und alles bei starker Hitze um die Hälfte einkochen lassen. Den Fond angießen und so lange kochen lassen, bis nur noch die Hälfte übrig ist.
4. In der Kochzeit der Sauce das Öl in einer Pfanne erhitzen und die Entenbrüste darin von beiden Seiten jeweils 2–3 Minuten scharf anbraten. Die Brüste auf eine feuerfeste Platte legen und auf der mittleren Schiene im Backofen in etwa 4–5 Minuten fertig braten. Zugedeckt noch 5 Minuten ruhen lassen.
5. Die kalte Butter unter Rühren in kleinen Flöckchen in die eingekochte Sauce geben. Nicht mehr kochen lassen.
6. Die Entenbrüste in schräge, nicht zu dicke Scheiben schneiden (austretenden Fleischsaft an die Sauce geben), auf vorgewärmten Tellern anrichten und mit den Honigschalotten und der Sauce umgießen.

Beilage: Rotkraut oder Wirsinggemüse
Getränkeempfehlung: ausgereifter Rotwein, am besten ein Burgunder

Süße Kartoffelklöße mit Mango- und Vanillesauce

Für 6–8 Personen, Zubereitungszeit: 1 Stunde 15 Minuten.
Pro Portion bei 6 Personen: 870 kcal, 15 g E, 59 g F, 68 g K.

500 g gekochte Kartoffeln vom Vortag, 100 g feines Weizenmehl (frisch gemahlen), 1 Ei, 2 Eigelb, 100 g Fruchtzucker, 50 g gemahlener Mohn, 3 große, vollreife Mangos, 4 cl Weißwein, 2 cl Ahornsirup, Salz, 200 g Butter oder Margarine 100 g Mohnsamen

Vanillesauce:
250 g Sahne, 2 cl Eierlikör, ausgeschabtes Mark von 1 Vanilleschote, 4 Eigelb, 30 g Fruchtzucker

1. Die Kartoffeln schälen und durch die Kartoffelpresse drücken. Mehl, Ei, Eigelbe, 50 g Fruchtzucker und Mohn hinzufügen und alles mit den Händen zu einem glatten Teig verkneten. Zugedeckt 20 Minuten ruhen lassen.
2. In dieser Zeit die Mangos schälen. Das Fruchtfleisch von zwei Früchten erst in Spalten vom Kern lösen, dann in kleine Würfel schneiden. Die Fruchtwürfel unter den Kartoffelteig mischen. Das Fruchtfleisch der restlichen Mango sowie die Anschnitte mit dem Weißwein und dem Ahornsirup im Mixer pürieren und durch ein Sieb streichen.
3. In einem großen Topf reichlich Salzwasser zum Kochen bringen.
4. Butter oder Margarine in einer Pfanne bei schwacher Hitze schmelzen lassen und den restlichen Fruchtzucker sowie die Mohnsamen einrühren.
5. Für die Vanillesauce Sahne, Eierlikör und Vanillemark erhitzen. Eigelbe und Fruchtzucker in einer Metallschüssel über einem Wasserbad schaumig schlagen und dabei die heiße Sahnemischung hinzufügen. Bei schwacher Hitze so lange schlagen, bis die Sauce dickschaumig ist.
6. Aus der Kartoffelmasse kleine Klöße formen und im siedenden Salzwasser gar ziehen lassen, bis die Klöße an die Oberfläche schwimmen.
7. Mit einem Schaumlöffel herausheben, gut abtropfen lassen und in der Mohnbutter wälzen.
8. Mango- und Vanillesauce als Spiegel auf einen großen Teller gießen, mit einem Holzstäbchen ein Muster ziehen und die Klöße in die Mitte setzen.

Steckrübeneintopf mit Entenbrust

Für 4 Personen, Zubereitungszeit: 1 Stunde.
Pro Portion: 420 kcal, 22 g E, 26 g F, 20 g K.

1 Steckrübe (ca. 1 kg), 1 Gemüsezwiebel, 5 EL Öl, $1\frac{1}{2}$ l Geflügelbrühe (selbstgemacht), 4 ausgelöste Entenbrüste, Salz, weißer Pfeffer aus der Mühle, $\frac{1}{2}$ Bund Majoran, 1 Bund Petersilie, 2 kleine Stangen Porree

2. In einem Kochtopf 3 Eßlöffel Öl erhitzen und die Gemüsezwiebel sowie die Steckrüben darin bei mittlerer Hitze leicht anbraten. Mit der Brühe aufgießen und aufkochen lassen.
3. Die Entenbrüste mit Salz und Pfeffer würzen. Das Öl in einer Pfanne erhitzen und die Brüste darin bei starker Hitze von beiden Seiten jeweils 2 Minuten anbraten. Zu den Steckrüben geben und etwa 10 Minuten bei mittlerer Hitze köcheln lassen.
4. Majoran und Petersilie fein hacken. Gewaschenen Lauch in feine Streifen schneiden. Die Entenbrüste aus der Suppe heben und warm stellen. Kräuter und Lauch zu den Steckrüben geben und 3–4 Minuten mitköcheln lassen.
5. Das Entenfleisch in Scheiben schneiden. Die Suppe auf vorgewärmte tiefe Teller verteilen und mit dem Fleisch belegen.

Getränkeempfehlung: kräftiger Grauburgunder, z. B. eine trockene Spätlese vom Kaiserstuhl (Baden)

Hühnerbrüstchen mit Möhrensauce

Für 4 Personen, Zubereitungszeit: 40 Minuten.
Pro Portion: 220 kcal, 21 g E, 11 g F, 5 g K.

Sauce:
3 Möhren, 1/8 l Geflügelbrühe, 0,1 l Sahne, 1/2 TL Maisstärke, 2 EL trockener, weißer Wermut, Salz, weißer Pfeffer aus der Mühle, 4 Hühnerbrüstchen (je 120 g), Salz, weißer Pfeffer aus der Mühle, 1 EL Butterschmalz

1. Für die Sauce die Möhren schälen und raffeln. Mit der Geflügelbrühe zum Kochen bringen; um die Hälfte einkochen. Die Möhren in ein Sieb geben und gut ausdrücken. Den Möhrensud mit der Sahne kräftig durchkochen. Die Maisstärke mit dem Wermut anrühren und die Sauce damit binden. Mit Salz und Pfeffer würzen.
2. Die Hühnerbrüstchen salzen und pfeffern und im heißen Butterschmalz auf beiden Seiten 5 Minuten braten.
3. Die gebratenen Hühnerbrüstchen zusammen mit der Sauce anrichten.

Beilage: Zucchinigratin
Getränkeempfehlung: Chardonnay oder halbtrockener Riesling

Möhren mit Wermutsauce

Für 4 Personen, Zubereitungszeit: 30–40 Minuten.
Pro Portion: 240 kcal, 3 g E, 19 g F, 14 g K.

1 kg Möhren, 40 g Butter, 1 TL Zucker, 1/2 l Brühe, 2 EL trockener Wermut, 125 g Sahne, Salz, weißer Pfeffer aus der Mühle, 1 Prise Muskatnuß

1. Die Möhren schälen, in dünne Scheibchen schneiden und in der Butter und im Zucker anziehen lassen. Mit der Brühe ablöschen und zugedeckt langsam in ca. 15 Minuten halbweich kochen.
2. Den Deckel wegnehmen und so lange kochen lassen, bis keine Flüssigkeit mehr vorhanden ist.
3. Den Wermut und die Sahne dazugießen, mit Salz, Pfeffer und Muskatnuß würzen und einkochen lassen, bis die Sauce sämig geworden ist.

Als Beilage zu gebratenem Fleisch oder als Bestandteil einer Gemüseplatte servieren.

Huhn in Kartoffelkruste – feine bürgerliche Art

Für 4 Personen, Zubereitungszeit: 1 Stunde 30 Minuten.
Pro Portion: 735 kcal, 41 g E, 44 g F, 65 g K.

1 junges, fleischiges Huhn (1,2 kg), Salz, schwarzer Pfeffer aus der Mühle, 2 EL Mehl, 1 kg Kartoffeln, 4 Artischockenböden (Konserve), 2 Knoblauchzehen, 120 g Butter, Öl zum Ausbacken, 1 EL gehackte Petersilie

1. Das gewaschene und mit Küchenpapier trockengetupfte Huhn mit einem scharfen Messer oder einer Küchenschere in 8 Teile zerlegen, dabei das Rückgrat entfernen. Die Geflügelstücke mit Salz und Pfeffer würzen und in dem Mehl wenden.
2. Die Kartoffeln schälen und in dünne Scheiben schneiden. Die Artischockenböden abtropfen lassen und fein hacken. Die geschälten Knoblauchzehen zerdrücken.
3. 50 g Butter in einer Pfanne erhitzen und die Hühnerstücke darin von beiden Seiten goldgelb braten. Aus der Pfanne nehmen und

warmstellen. Den Bratensaft beiseite stellen.
4. Die Kartoffelscheiben in Öl ebenfalls kurz anbraten. Artischocken, Knoblauch und Petersilie daruntermischen. Mit Salz und Pfeffer würzen und von der Kochstelle nehmen.
5. Den Backofen auf 200°C vorheizen.
6. Eine mit Alufolie ausgekleidete Springform oder eine runde Auflaufform gut mit Butter ausfetten. Boden und Seiten mit der Hälfte der Kartoffelscheiben auslegen. Die Hühnerstücke darauflegen und mit den restlichen Kartoffelscheiben bedecken. Reichlich Butterflöckchen auf den Kartoffelscheiben verteilen. Bei Verwendung einer Springform die Oberfläche mit einer zweiten, etwas kleineren Kuchenform flachdrücken.
7. Die Torte oder den Auflauf auf die untere Schiene in den Backofen stellen und in 50–60 Minuten goldgelb backen. Eventuell zwischendurch mit Alufolie abdecken.
8. Die Torte aus der Springform nehmen und auf eine vorgewärmte Platte geben (oder in der Auflaufform direkt servieren).
9. Unmittelbar vor dem Auftragen den Bratensaft des Hühnchens mit der restlichen Butter erwärmen und die Torte oder den Auflauf damit begießen.
Beilage: gemischter Blattsalat
Getränkeempfehlung: Müller-Thurgau aus Rheinhessen

Zwiebelkuchen

Für 8–12 Personen, Zubereitungszeit: 1 Stunde,
Aufgehzeit: 1 Stunde 20 Minuten.
Pro Portion bei 8 Personen: 570 kcal, 13 g E, 31 g F, 55 g K.

Teig:

500 g Mehl, 1 TL Salz, 20 g frische Hefe,
1/4 l lauwarme Milch, 60 g Butter, Fett für das Backblech

Belag:
1 kg Zwiebeln, 150 g durchwachsener Speck, 3 Eier,
250 g saure Sahne, Salz, schwarzer Pfeffer, 1 TL Kümmel

1. Mehl mit Salz in einer Schüssel vermischen, in die Mitte eine Vertiefung drücken. Hefe hineinbröckeln und mit 1/8 l Milch verrühren. Zugedeckt 20 Minuten gehen lassen.
2. Die Butter in der restlichen Milch schmelzen, zum Teig geben und glatt verkneten. So lange schlagen, bis er sich vom Schüsselboden löst. Zugedeckt an einem warmen Ort 1 Stunde gehen lassen.
3. Zwiebeln in Ringe schneiden, Speck würfeln und glasig braten. Die Zwiebelringe hinzufügen und glasig dünsten.
4. In einer Schüssel Eier, saure Sahne mit Salz, Pfeffer und Kümmel verquirlen. Die Eiersahne mit den abgekühlten Zwiebelringen vermischen.
5. Den Backofen auf 200 °C vorheizen.
6. Den Teig ausrollen und auf ein gefettetes Backblech legen. Das Speck-Zwiebel-Gemisch auf dem Teig verteilen. Den Kuchen auf mittlerer Schiene des Backofens in 35–40 Minuten backen.
Getränkeempfehlung: am besten Federweißer

Rote Bete mit Koriander

Für 2 Personen, Zubereitungszeit: 50 Minuten.
Pro Portion: 230 kcal, 2 g E, 15 g F, 14 g K.

400 g Rote Bete, 4 kleine Schalotten, 2 EL Öl, 1 TL Korianderkörner, Salz, weißer Pfeffer aus der Mühle, 1 EL Ahornsirup, 1 TL Aceto Balsamico, 5 EL trockener Rotwein, einige Zweige Cilantro (Koriandergrün)

1. Die Rote Bete waschen und schälen. Die Knollen in 1/2 cm dicke Scheiben, dann in Streifen schneiden. Die Schalotten schälen und vierteln.
2. Das Öl im Schmortopf erhitzen und die Schalottenviertel darin anbraten.
3. Die Rote Bete und die zerdrückten Korianderkörner dazugeben. Mit Salz und Pfeffer würzen und mit Ahornsirup, Aceto Balsamico und Rotwein aufgießen. Gründlich vermischen und zugedeckt in etwa 20–30 Minuten garen lassen.
4. Das Gemüse mit den abgezupften Cilantroblättern bestreut servieren.

Beilage zu gekochtem Rindfleisch oder auch zu Körnerfrikadellen.

Schwarzwurzeln in Kümmelsauce

(Mikrowellen-Rezept)

Für 2 Personen, Zubereitungszeit: 1 Stunde.
Pro Portion: 340 kcal, 5 g E, 32 g F, 7 g K.

1 l Wasser, 2 EL Essig, 500 g Schwarzwurzeln, Salz, 1 EL Kümmel, 200 g Sahne, 1 TL Aceto Balsamico, Saft und Schale von 1/2 unbehandelten Zitrone, weißer Pfeffer aus der Mühle, 1 EL gehackte Petersilie

1. Wasser und Essig in eine große Schüssel geben. Die Schwarzwurzeln waschen, schälen und sofort in die vorbereitete Wasserschüssel geben, damit sie ihre weiße Farbe nicht verlieren.
2. Das Gemüse in gleichmäßige Stücke schneiden und in eine Mikrowellenform geben. Mit 1/4 l Wasser begießen, salzen und die Hälfte des Kümmels zufügen.
3. Zugedeckt 20–25 Minuten bei 600 Watt garen lassen. Nach Ende der Garzeit das Gemüse herausnehmen und zugedeckt noch einige Minuten nachgaren lassen.
4. In dieser Zeit die Sahne mit dem restlichen Kümmel, Aceto Balsamico sowie Zitronensaft und -schale, Salz und Pfeffer in eine Mikrowellenform geben und in 8–10 Minuten bei 600 Watt offen um die Hälfte sämig einkochen lassen.
5. Die Schwarzwurzeln auf einem Sieb abtropfen lassen und unter die cremige Sahnesauce mischen. 3–4 Minuten bei 600 Watt offen erhitzen und mit Petersilie bestreut servieren.

Beilage zu Rinderbraten, Steaks oder Schnitzeln.

Schwarzwurzeln in Blätterteig

Für 6 Personen, Zubereitungszeit: 1 Stunde 20 Minuten.
Pro Portion: 500 kcal, 13 g E, 35 g F, 32 g K.

500 g tiefgefrorener Blätterteig, Butter für die Form, Mehl für die Form, 1 kg Schwarzwurzeln, 1 EL Zitronensaft, 150 g gekochter Schinken, 150 g Broccoli, Salz, 1 Eigelb, 4 EL Weißwein, 125 g Crème fraîche, Pfeffer aus der Mühle

1. Etwa 2/3 des Teiges 3 mm dick ausrollen. Eine gebutterte und mit Mehl bestäubte Springform mit einem Durchmesser von 23 cm damit auskleiden. Dabei den Rand bis nach oben ziehen. Kühl stellen.
2. Die Schwarzwurzeln schälen und sofort in Wasser mit einem Schuß Zitronensaft legen.
3. Den Schinken in Würfel schneiden und den Broccoli in kleine Röschen zerpflücken.
4. Die Schwarzwurzeln in 3–4 cm lange Stücke schneiden und in Salzwasser 15–20 Minuten knapp weich kochen. Anschließend die Schwarzwurzeln abgießen, den Sud auffangen und beiseite stellen. Den Backofen auf 220 °C vorheizen.
5. Den Teigboden mit einer Gabel einstechen und mit Backpapier belegen. Die Form mit weißen Bohnen füllen und in die Mitte des Backofens schieben. Nach 10 Minuten die Hitze auf 190 °C reduzieren. Nach weiteren 5 Minuten die Bohnen und das Backpapier entfernen und die Form wieder in den Ofen schieben. Aus dem restlichen Teig einen Deckel ausrollen (1/2 cm größer als die Springform), mit Teigresten garnieren und mit Eigelb bestreichen. Den Deckel zu der Form in den Ofen schieben und mitbacken, bis er Farbe bekommt. Der Teig soll nicht dunkel werden.
6. Die Broccoliröschen in wenig Salzwasser einige Minuten kochen. Herausnehmen und in Eiswasser abschrecken, damit sie ihre Farbe behalten.
7. Für die Sauce 0,5 l Schwarzwurzelsud auf die Hälfte einkochen. Mit dem Wein und einigen Schwarzwurzelstücken pürieren. Mit der Crème fraîche in einem Topf erwärmen, aber nicht kochen lassen! Mit Salz und Pfeffer abschmecken.
8. Die sehr gut abgetropften Schwarzwurzeln und Broccoliröschen sowie den Schinken zu der Sauce geben. Nochmals erhitzen und in die Blätterteigform füllen. Den Deckel aufsetzen und sofort servieren.

Getränkeempfehlung: Johannisberger Riesling oder ein halbtrockener Müller-Thurgau

Möhrenflan mit Gemüseragout

Für 4 Personen, Zubereitungszeit: 1 Stunde.
Pro Portion: 445 kcal, 8 g E, 42 g F, 8 g K.

Flan:
400 g Möhren, 50 g geklärte Butter, 100 g Sahne, 3 Eier, Salz, weißer Pfeffer aus der Mühle, Fett für die Förmchen

Ragout:
je 50 g Möhren, Knollensellerie, Zucchini und Steckrübe, 1 Gemüsezwiebel, 40 g Butter oder Margarine, 1/4 l Gemüsebrühe, Salz, 50 g kalte Butter

1. Für den Flan die Möhren gut waschen oder abschrubben und mit der Schale in Stücke schneiden. Die geklärte Butter in einem Schmortopf erhitzen und die Möhrenwürfel darin bei mittlerer Hitze anschwitzen. Mit der Sahne aufgießen und zugedeckt weich kochen.
2. Die Möhren mitsamt der eingekochten Sahne im Mixer pürieren, dann durch ein Sieb passieren und etwas abkühlen lassen.
3. Den Backofen auf 200 °C vorheizen und einen großen, flachen Topf, zwei Finger breit mit Wasser gefüllt, hineinstellen.
4. Die Eier nach und nach unter Rühren mit der Möhrencreme vermischen und mit Salz und Pfeffer würzen. Die Masse auf vier eingefettete Timbaleförmchen verteilen (sie dürfen nur 3/4 voll sein), in das heiße Wasser stellen und die Möhrencreme im Backofen 15–20 Minuten garen.
5. Inzwischen die verschiedenen Gemüsesorten putzen, waschen und mit einem kleinen Kugelausstecher zu Perlen formen. Die Gemüsezwiebel schälen und in kleine Würfel schneiden.
6. Die Butter oder Margarine in einem Schmortopf erhitzen und die Zwiebelwürfel darin glasig werden lassen. Die Gemüseperlen, außer den Zucchini, zufügen und kurz bei mittlerer Hitze anschwitzen. Das Gemüse darf aber keinesfalls Farbe bekommen. Mit der Brühe aufgießen und zugedeckt 5 Minuten köcheln lassen, nach 2 Minuten die Zucchiniperlen dazugeben. Das Ragout nach Geschmack mit etwas Salz würzen.
7. Die kalte Butter in kleinen Flöckchen unter das Gemüseragout ziehen und dann gleich auf vier tiefe Teller verteilen. Die Förmchen stürzen, jeweils einen Möhrenflan in die Mitte der Teller setzen und diesen mit einigen Gemüseperlen belegen.

Getränkeempfehlung: z. B. halbtrockener Riesling von der Mosel

Möhren süß-sauer

Für 4 Personen, Zubereitungszeit: 30 Minuten.
Pro Portion: 150 kcal, 2 g E, 10 g F, 14 g K.

750 g Möhren, Salz, 3 EL Butter, 3 EL Ahornsirup, Saft von 1 Zitrone, schwarzer Pfeffer aus der Mühle, 1 Prise Kreuzkümmel, 1 Kästchen Kresse

1. Die Möhren schälen und schräg in ca. 1 cm dicke Scheiben schneiden. In einen Topf geben, knapp mit Wasser bedecken, salzen, aufkochen, dann 8 Minuten bei schwacher Hitze kochen lassen.
2. Die Möhren in ein Sieb schütten und gut abtropfen lassen.

3. In einer großen Pfanne die Butter erhitzen. Ahornsirup zufügen und einmal aufwallen lassen. Die Möhren hineingeben und 5 Minuten dünsten. Mit dem Zitronensaft beträufeln und mit Salz, Pfeffer und Kreuzkümmel würzen.
4. Zum Schluß die Kresse unter fließendem Wasser abbrausen und die Blättchen über der Pfanne abschneiden. Etwas abkühlen lassen.

Gemüsestrudel

Für 6 Personen, Zubereitungszeit: 1 Stunde 30 Minuten.
Pro Portion: 840 kcal, 21 g E, 62 g F, 48 g K.

Füllung:
160 g Knollensellerie, Salz, 50 g Putenschnitzel, 1/2 Eiweiß, 2 EL leicht angefrorene Sahne, 150 g Möhrenstreifen, 150 g Zucchettistreifen, 120 g Porreestreifen, 1 EL Butter, 0,3 l Sahne, Pfeffer aus der Mühle, Muskatnuß, 250 g tiefgefrorener Blätterteig, 1 Eigelb, 2 EL Sahne

Sauce:
je 40 g Porree, Zucchetti, Möhren, 25 g Butter, 1/2 l Hühnerbrühe, 300 g Sahne, 1 EL gehackter Kerbel, 1 EL gehackte Petersilie, Salz, Pfeffer aus der Mühle.

1. Den Sellerie in Stücke schneiden und in 0,1 l leicht gesalzenem Wasser gar kochen und abgießen. Die Flüssigkeit auffangen und beiseite stellen. Den weichen Sellerie pürieren und kaltstellen.
2. Das Putenfleisch würfeln, salzen, pfeffern und mit dem Eiweiß im Cutter pürieren. Das Selleriepüree und die leicht angefrorene Sahne einarbeiten.
3. Zuerst die Möhren-, dann nach 5 Minuten die Zucchetti- und Porreestreifen in der Butter andünsten. Die Sahne zugeben, mit Salz, frischgemahlenem Pfeffer und Muskatnuß abschmecken und weiterkochen, bis die Sauce von cremiger Konsistenz ist. Das Sahnegemüse auskühlen lassen und beiseite stellen.
4. Eine Klarsichtfolie von ca. 25 x 40 cm auf dem Tisch ausbreiten. Die Selleriemasse als dünne Fläche daraufstreichen. Die kalten Gemüsestreifen mit der Sahne gleichmäßig darauf verteilen. Straff in der Folie zu einer Rolle formen und so lange in das Tiefkühlfach legen, bis die Oberfläche fest ist. Die Klarsichtfolie entfernen.
5. Den Blätterteig zu einem 25 x 42 cm großen Rechteck ausrollen. Die Gemüsefüllung darauflegen und einrollen. Mit der Verschlußseite nach unten auf ein kalt abgespültes Blech setzen.
6. Die Oberfläche des Strudels nach Belieben mit Teigabschnitten verzieren. Das Eigelb mit der Sahne gut mischen und den Strudel damit bestreichen. 5–6 Minuten bei 250 °C und 19 Minuten bei 200 °C backen. Vor dem Aufschneiden 15 Minuten ruhen lassen.
7. Für die Sauce das Gemüse klein würfeln und in 15 g Butter anziehen lassen. Mit der Hühnerbrühe ablöschen und auf die Hälfte einkochen. Die Sahne in einer zweiten Pfanne ebenfalls auf die Hälfte reduzieren. Zu dem Gemüse geben und pürieren. Zum Schluß die restliche Butter kurz mitpürieren und die gehackten Kräuter zugeben. Mit Salz und Pfeffer abschmecken.

Schwarzwurzeln mit Zitronensauce

Für 4 Personen, Zubereitungszeit: 40 Minuten.
Pro Portion: 305 kcal, 2 g E, 32 g F, 3 g K.

1 kg Schwarzwurzeln, Essig, Salz, Schale und Saft von 1 unbehandelten Zitrone, 150 g eiskalte Butter, weißer Pfeffer aus der Mühle, frischgeriebene Muskatnuß

1. Die Schwarzwurzeln unter fließendem Wasser gründlich abbürsten und waschen. Die Schale mit einem Küchenmesser abschaben, die Schwarzwurzeln in 6 cm lange Stücke schneiden und sofort in eine Mischung aus Essig und kaltem Wasser legen, damit die Stangen nicht schwarz werden.
2. Die Schwarzwurzeln in kochendes Salzwasser legen und in ca. 20 Minuten gar kochen. Auf einem Sieb abtropfen lassen, das Kochwasser auffangen und zur Seite stellen.
3. In der Kochzeit der Schwarzwurzeln eine halbe Zitrone sehr dünn abschälen und die Zitronenschale in feine Streifen schneiden.

Wenig Wasser in einem Topf zum Kochen bringen und die Zitronenschale darin blanchieren.
4. Vom Gemüsekochwasser 1/4 l abmessen und mit der Zitronenschale 5 Minuten bei starker Hitze einkochen lassen. Vom Herd nehmen und die Butter in Flöckchen in die Sauce schlagen.
5. Die Sauce mit 1–2 Eßlöffeln Zitronensaft, Salz, Pfeffer und Muskat abschmecken. Die Schwarzwurzeln in die Sauce geben und bis zum Servieren gut durchziehen lassen. Beilage zu gebratenem Fisch und Fleisch.

Überbackenes Kartoffelpüree mit Käse

Für 4 Personen, Zubereitungszeit: 50 Minuten.
Pro Portion: 685 kcal, 35 g E, 45 g F, 34 g K.

1 kg mehligkochende Kartoffeln, Salz, 1/4 l Milch, 4 EL Butter, frischgeriebene Muskatnuß, 3 Eier, 2 EL Meerrettich, 300 g Emmentaler oder Gouda (frisch gerieben), Butter für die Form

1. Die Kartoffeln schälen und in kleine Würfel schneiden. Die Kartoffelwürfel in einen Topf geben, knapp mit Wasser bedecken, salzen und in 15 Minuten weich kochen.
2. Das Kochwasser abgießen und bei weiterer Hitzezufuhr den Topf schütteln, bis die Kartoffeln ganz trocken sind.
3. Die Milch in einem großen Topf erhitzen und die Kartoffelwürfel durch die Kartoffelpresse in die heiße Milch drücken. Mit einem Schneebesen schlagen, bis eine sahnige Masse entsteht. Die Butter in Flöckchen unter das Püree rühren. Mit Salz und Muskatnuß abschmecken.
4. Die Eier, den Meerrettich und 250 g Käse mit dem Kartoffelpüree vermischen.
5. Eine Auflaufform einfetten. Den Backofen auf 200 °C vorheizen.
6. Die Kartoffelmasse in einen Spritzbeutel füllen und in die Auflaufform spritzen. Mit dem restlichen Käse bestreuen.

7. Auf der mittleren Schiene des Backofens in 20 Minuten goldbraun backen.
Beilage zu gebratenen Fisch- oder Fleischgerichten oder als vegetarisches Gericht mit Salat.

Kartoffelsalat mit Kräutern

Für 4 Personen, Zubereitungszeit: 1 Stunde.
Pro Portion: 280 kcal, 5 g E, 15 g F, 32 g K.

1 kg festkochende Kartoffeln, 1/8 l heiße Fleischbrühe (aus Extrakt), 1–2 EL Rotweinessig, Salz, schwarzer Pfeffer aus der Mühle, 1 TL mittelscharfer Senf, 5 EL Öl, 1 kleine Zwiebel, 1 EL feingehackte Kräuter (Petersilie, Schnittlauch, Kerbel, Dill)

1. Die Kartoffeln waschen und in einem Topf knapp mit Wasser bedeckt gar kochen. Abgießen und unter Schütteln des Topfes gut abtropfen lassen.
2. Die Kartoffeln schälen, etwas abkühlen lassen und vorsichtig in Scheiben schneiden. Mit der heißen Fleischbrühe übergießen und kurz durchziehen lassen.
3. Essig mit Salz, Pfeffer und Senf vermischen. Unter ständigem Rühren mit einem Schneebesen das Öl hinzufügen.
4. Die Zwiebel schälen, in kleine Würfel schneiden und mit der Marinade und den Kräutern über die Kartoffeln geben. Vorsichtig miteinander vermischen. Den Salat bis zum Servieren durchziehen lassen.
Beilage zu Würstchen, Frikadellen oder Bratfisch.

Folienkartoffeln mit Gorgonzola-Creme

Für 4 Personen, Zubereitungszeit: 1 Stunde.
Pro Portion: 540 kcal, 14 g E, 38 g F, 34 g K.

8 große, mehligkochende Kartoffeln, 2 reife Avocados, 4 EL Crème fraîche, 100 g Quark, 60 g Gorgonzola, Saft von 1/2 Zitrone, 40 g Lachskaviar

1. Den Backofen auf 220 °C vorheizen.
2. Die Kartoffeln sehr gründlich waschen. Mit Küchenpapier abtrocknen und jede Kartoffel auf ein quadratisches Stück Alufolie legen. Die vier Ecken nach oben biegen und über den Kartoffeln fest zusammendrücken.
3. Die Päckchen auf den Backrost legen und auf der mittleren Schiene 50–60 Minuten garen.
4. In der Zwischenzeit die Avocados der Länge nach halbieren, den Kern entfernen und die Haut abziehen. Das Fruchtfleisch in kleine Stücke schneiden und im Mixer pürieren.
5. Die Crème fraîche mit dem Quark verrühren. Den Gorgonzola mit einer Gabel zerdrücken und mit der Quarkmasse vermischen. Das Avocadomus unter die Masse rühren. Mit Zitronensaft abschmecken.
8. Die fertigen Kartoffeln aus dem Backofen nehmen und die Folie öffnen. Die Kartoffeln mit einem Messer über Kreuz einschneiden und leicht auseinanderdrücken. In diese Vertiefung 1–2 Löffel Gorgonzolacreme geben und mit Lachskaviar garnieren.
Beilage: gemischter Salat
Getränkeempfehlung: trockener, frischer Weißwein, z. B. Chablis

Kartoffelsuppe mit Krabben

Für 4 Personen, Zubereitungszeit: 1 Stunde.
Pro Portion: 195 kcal, 12 g E, 9 g F, 16 g K.

1 Portion (250 g) Hühnerklein (Flügel, Hals, Magen, Herz), 1 Bund Suppengrün, 1 1/2 l Wasser, Salz, 500 g Kartoffeln, 2 Eigelb, 1 EL Butter, 1 knapper EL frische, feingehackte Ingwerwurzel, 4 EL Sahne, 100–150 g ausgelöste Nordseekrabben, gehackter Dill und Petersilie zum Bestreuen

1. Das Hühnerklein waschen, das Suppengrün putzen und kleinschneiden. Beides in einen Topf geben, mit dem Wasser aufgießen, salzen und zum Kochen bringen. Eine Stunde kochen lassen. Die erhaltene Hühnerbrühe durch ein Sieb gießen und wieder in den Topf geben.
2. Die Kartoffeln schälen, in Würfel schneiden und in die Brühe geben. In 25 Minuten gar kochen. Die Suppe durch ein Sieb streichen oder mit dem Stabmixer pürieren. Aufkochen lassen, dann vom Herd nehmen und mit den Eigelben legieren.
3. Die Butter in einer kleinen Pfanne erhitzen und den Ingwer kurz darin andünsten. Mit der Sahne aufgießen und durchkochen lassen. Die Krabben in der Sahne nur erwärmen, aber nicht kochen lassen.
4. Die Suppe in Suppentassen füllen, jeweils 2 Eßlöffel Krabbensahne in die Mitte geben und mit Dill und Petersilie bestreuen.

Feine Zwiebelcremesuppe

Für 4 Personen, Zubereitungszeit: 45 Minuten.
Pro Portion: 225 kcal, 4 g E, 15 g F, 16 g K.

1 kg Zwiebeln, 2 EL Butter, 2 EL Mehl, 2 EL Weißwein, 0,8 l Fleischbrühe, 125 g Sahne, Salz, Pfeffer aus der Mühle, Cayennepfeffer, 1 EL feingehackte Petersilie, 1 Prise Paprika

1. Die Zwiebeln schälen, grob hacken und in der Butter glasig dünsten.
2. Mit dem Mehl bestäuben und mit Weißwein ablöschen. Die Brühe dazugießen und die Suppe etwa 30 Minuten kochen lassen. 6 Eßlöffel Sahne hinzufügen und nochmals aufkochen. Mit Salz, Pfeffer und Cayennepfeffer abschmecken. Die restliche Sahne steif schlagen.

3. Die Suppe in vorgewärmte Teller oder Suppentassen füllen, je einen Sahnetupfer daraufgeben, diesen mit etwas Paprika bestäuben und die Petersilie darüberstreuen.
Beilage: Roggenbrot mit Butter
Getränkeempfehlung: trockener Weißwein

Möhrensuppe mit Joghurt und geröstetem Sesam

Für 4 Personen, Zubereitungszeit: 30 Minuten.
Pro Portion: 245 kcal, 9 g E, 18 g F, 13 g K.

500 g Möhren mit Grün, 2 EL Sesamöl, 1/2 l Gemüsebrühe (selbstgemacht), Salz, weißer Pfeffer aus der Mühle, 1/2 TL Kurkumapulver (Gelbwurz), 500 g Joghurt (10 % Fett), 60 g Sesamsamen

1. Die Möhren waschen und die Blätter abschneiden, dabei die zarten Blätter aufbewahren. Die Möhren schälen und auf der feinen Seite der Rohkostreibe raspeln.
2. Das Sesamöl in einem Kochtopf erhitzen und die Möhren darin bei mittlerer Hitze anschwitzen. Mit Brühe ablöschen und mit Salz, Pfeffer und Gelbwurz würzen. Aufkochen lassen, dann den Joghurt untermischen und 5 Minuten bei schwacher Hitze köcheln lassen.

3. In dieser Zeit die Sesamsamen in einer beschichteten Pfanne ohne Fettzugabe goldbraun rösten. Die Möhrenblätter fein hacken.
4. Die Suppe auf vorgewärmte Suppenteller oder in Suppentassen verteilen und mit den Sesamsamen und den Möhrenblättern bestreuen.

Das Element Luft

Rezepte für Blütenpflanzen

Locker, leicht und luftig – so lieben es die Zwillinge, Waagen und Wassermänner. Wandert der Mond durch diese Zeichen, serviert der Mond-Koch Blumenkohl, Broccoli und Artischocken. Gelb ist die Farbe, die man den Luftzeichen seit altersher zuordnet. Sie macht uns besonders aktiv und unternehmungslustig. Und offen für alles Neue. Vielleicht nehmen Sie die Rezepte für Blütetage als Anregung für viele eigene und neue Varianten ...

Artischocken Römische Art

Für 4 Personen, Zubereitungszeit: 45–60 Minuten.
Pro Portion: 355 kcal, 7 g E, 23 g F, 30 g K.

4 große, fleischige Artischocken, Saft von 2 Zitronen, 3 Knoblauchzehen, 1/2 Bund Petersilie, 1/2 Bund frische Minze, Salz, weißer Pfeffer aus der Mühle, 6 EL Öl

1. Die trockenen Blätter der Artischocken sowie die harten Spitzen der übrigen Blätter mit einem rostfreien Messer oder einer Schere abschneiden. Den Stiel etwas kürzen. Die Artischocken sofort in kaltes Zitronenwasser legen. Nacheinander die Artischocken herausnehmen, abtrocknen und die Blätter etwas lockern, so daß kleine Höhlungen entstehen. Die Knoblauchzehen grob hacken, die Kräuter nicht zu fein wiegen.
2. Eine Mischung von Knoblauchstücken und Kräutern in die Höhlungen der Artischocken drücken, außen mit Salz und Pfeffer einreiben.
3. Das Öl erhitzen, die Artischocken mit dem Stiel nach oben hineinlegen und mit so viel Wasser begießen, daß sie halb bedeckt sind. Den Topf zudecken und die Artischocken je nach Alter des Gemüses in 20–50 Minuten weich dünsten.

4. Die Artischocken herausnehmen, mit dem Kochwasser übergießen und warm oder kalt servieren. Anstelle des Wassers kann man Weißwein zum Schmoren verwenden.

Beilage: frisches Weißbrot
Getränkeempfehlung: junger Rotwein, z. B. Côtes-du-Rhône

Gefüllte Artischocken mit Morcheln

Für 4 Personen, Zubereitungszeit: 1 Stunde 20 Minuten.
Pro Portion: 530 kcal, 13 g E, 39 g F, 26 g K.

100 g gekochter Schinken, 30 g getrocknete Morcheln, 0,2 l Hühnerbrühe, 150 g tiefgekühlter Blätterteig, 4 große Artischocken, 1 Zitrone, Salz, 1 Eigelb, 1 EL Sesamsamen, 200 g Sahne, 2 EL Butter, 4 EL trockener Sherry, weißer Pfeffer aus der Mühle, 1/2 TL Majoran (gehackt), 1 Prise Cayennepfeffer

1. Den Schinken in feine Streifen schneiden. Die Morcheln mehrmals gründlich unter fließendem Wasser waschen, in eine Schüssel legen und mit der Hühnerbrühe begießen.
2. Den Backofen auf 220 °C vorheizen. Den Blätterteig auftauen.
3. Die Stiele der Artischocken knapp unter dem Artischockenboden abbrechen. Den Rest der Stiele so abschneiden, daß die Artischocken gut stehen. Die äußeren, zähen Blätter mit einer Schere wegschneiden. Das obere Viertel der Artischockenblätter mit einem scharfen Messer entfernen. Alle Schnittflächen mit der halbierten Zitrone einreiben.
4. 3 Liter Salzwasser aufkochen. Die Artischocken mit den Blättern nach unten hineingeben. 30–35 Minuten bei mittlerer Hitze zugedeckt kochen. (Die Kochzeit hängt von der Größe und Qualität der Artischocken ab. Wenn sie gar sind, läßt sich ein Blatt zur Probe leicht herauszupfen.) Die Artischocken im Sud etwas abkühlen lassen.
5. Inzwischen den Blätterteig 2,5 mm dick ausrollen. 4 Herzen, Sterne oder andere For-

men ausstechen. Mit verquirltem Eigelb bestreichen, auf ein kalt abgespültes Backblech legen, nach Belieben mit dem Sesamsamen bestreuen und 10–15 Minuten auf der mittleren Schiene des Backofens goldgelb backen.
6. Von den Artischockenböden die Blätter, das Heu und auch die kleinen lilafarbenen Blätter abzupfen. Die Artischockenböden bis zur weiteren Verwendung in den Sud zurücklegen.
7. Von drei Vierteln der Artischockenblätter das Fleisch mit der stumpfen Seite eines Messers ausschaben. Mit der Sahne in den Mixer geben und zu einem glatten, geschmeidigen Püree verarbeiten.
8. Die Schalotten in 1 Eßlöffel erhitzter Butter anziehen lassen. Das Einweichwasser der Morcheln durch einen Papierfilter gießen, zu den Schalotten gießen und diese 5 Minuten kochen lassen. Die Flüssigkeit durch ein Sieb gießen, die Schalotten gut ausdrücken. Die Morcheln in diesem Sud 10–15 Minuten kochen.
9. Die Schinkenstreifen in der restlichen Butter anziehen lassen. Den Sherry zu den Morcheln geben und die Flüssigkeit bis auf 3 Eßlöffel einkochen. Die Sahnemischung zufügen und nochmals aufkochen, bis die Sahne sämig wird. Die Schinkenstreifen unterziehen und die Sauce mit Salz, Pfeffer, Majoran und Cayennepfeffer gut abschmecken.
10. Die Artischockenböden und die restlichen Blätter im Kochwasser kurz erwärmen, sehr gut abtropfen lassen, die Böden auf vorgewärmte Teller verteilen und mit dem Morchelragout füllen. Mit je einem Blätterteigfleuron belegen. Die restlichen Artischockenblätter als Dekoration dazulegen.
Beilage: Als Vorspeise nur knuspriges Brot. Als Hauptgericht oder kleine Mahlzeit Reis.
Getränkeempfehlung: Côtes-du-Rhône (z. B. Gigondas), Châteauneuf-du-Pape oder Spätburgunder

Broccoli mit Kasseler

Für 4 Personen, Zubereitungszeit: 25 Minuten.
Pro Portion: 175 kcal, 14 g E, 12 g F, 2 g K.

600 g Broccoli (frisch oder tiefgekühlt), Salz, 1 EL Öl, 1 mittelgroße Zwiebel (fein gehackt), 200 g Kasseleraufschnitt in dickeren Scheiben, schwarzer Pfeffer aus der Mühle, frischgeriebene Muskatnuß

1. Frischen Broccoli putzen, in Röschen teilen und waschen. Die Stengel schälen und in Scheiben schneiden. Tiefgekühlten und aufgetauten Broccoli ebenfalls in kleine Röschen schneiden.
2. Salzwasser aufkochen und den Broccoli darin 7 Minuten bißfest garen, eiskalt abschrecken und gut abtropfen lassen.
3. Inzwischen das Öl in einer breiten Pfanne mit hohem Rand erhitzen und die Zwiebel darin glasig dünsten.
4. Das Kasseler in kleine Würfel schneiden und mit dem Broccoli in die Pfanne geben, salzen, pfeffern und mit Muskat würzen. Zugedeckt weitere 7 Minuten dünsten.
Beilage zu Fleischküchlein oder Kartoffelpuffer.

Wirsingkuchen mit Sonnenblumenkernen

(Mikrowellen-Rezept)

Für 4–6 Personen, Zubereitungszeit: 1 Stunde 20 Minuten,
Aufgehzeit: 40 Minuten.
Pro Portion bei 4 Personen: 865 kcal, 27 g E, 55 g F, 55 g K.

Teig:
250 g Weizenmehl, 1 Prise Salz, 10 g Hefe, gut 1/8 l lauwarmes Wasser, 2 EL Öl

Belag:
1 kleiner Kopf Wirsing (750 g), 1/8 l Weißwein, 1 EL mildes Currypulver, 1 Msp. Cayennepfeffer, Salz, schwarzer Pfeffer aus der Mühle, 100 g geriebener Emmentaler, 200 g Sahne, 3 Eier

Außerdem:
Fett für das Blech, 100 g Sonnenblumenkerne

1. Das Weizenmehl mit dem Salz in eine Schüssel geben, in die Mitte eine Mulde drücken, die Hefe hineinbröckeln und mit dem Wasser etwas verrühren. Zugedeckt etwa 10 Minuten an einem warmen Ort gehen lassen. Dann das Öl dazugießen und alles zu einem glatten Teig verarbeiten. Den Teig so lange kräftig schlagen, bis er sich vom Schüsselboden löst. Noch einmal zugedeckt an einem warmen Ort etwa 30 Minuten gehen lassen.
2. In der Zwischenzeit vom Wirsingkopf die äußeren Blätter ablösen, den Kohl vierteln und den Strunk entfernen.
3. Das Gemüse in feine Streifen schneiden, in eine Schüssel geben, mit Wein begießen und mit den Gewürzen bestreuen. Alles miteinander vermischen und zugedeckt ziehen lassen, bis der Teig aufgegangen ist.
4. Den Käse, die Sahne sowie nach und nach die Eier dazugeben und alles gründlich verrühren.
5. Den Backofen eines Kombi-Gerätes auf 200 °C vorheizen.
6. Den Hefeteig zu einem Rechteck von 35 x 30 cm ausrollen und den Boden und Rand des gefetteten Backblechs damit auskleiden. Die Füllung gleichmäßig darauf verteilen und dick mit Sonnenblumenkernen bestreuen.
7. Den Kuchen in 18–20 Minuten bei 360 Watt und 200 °C (Heißluft 180 °C) auf der unteren Schiene goldbraun backen.

Getränkeempfehlung: kühles Bier

Blumenkohl-Torte

Für 6 Personen, Zubereitungszeit: 1 Stunde 10 Minuten.
Pro Portion: 665 kcal, 11 g E, 58 g F, 19 g K.

300 g tiefgekühlter Blätterteig, 1 großer Blumenkohl, 150 g Champignons, 150 g durchwachsener geräucherter Speck, 2 EL Butter, 2 EL gehackte Petersilie, Salz, schwarzer Pfeffer aus der Mühle, Mehl zum Ausrollen, 4 Eier, 250 g Sahne

1. Den Blätterteig 20 Minuten auftauen lassen.
2. Den Blumenkohl in kleine Röschen zerteilen. Champignons in Scheiben schneiden, Speck würfeln.
3. Die Blumenkohlröschen in 1 Eßlöffel Butter andünsten, mit einer halben Tasse Wasser aufgießen und fast weich dünsten. Die Cham-

pignons und den Schinken in der restlichen Butter andünsten. Blumenkohl und Pilze mit Petersilie, Salz und Pfeffer würzen und abkühlen lassen.
4. Backofen auf 225 °C vorheizen. Eine Springform von 26 cm Durchmesser kalt ausspülen.
5. Den Teig auf einer bemehlten Fläche ausrollen, die Form damit auslegen und 15 Minuten backen.
6. Form aus dem Ofen nehmen und den Boden mit dem Gemüse belegen. Die Eier mit der Sahne gründlich vermischen und über das Gemüse gießen.
7. Die Torte auf der mittleren Schiene des Backofens in 30–40 Minuten goldgelb backen.
Getränkeempfehlung: trockener Weißwein, z. B. Silvaner oder Riesling

Tortilla mit Artischocken

Für 4 Personen, Zubereitungszeit: 50 Minuten.
Pro Portion: 375 kcal, 17 g E, 28 g F, 14 g K.

4 kleine, festgeschlossene junge Artischocken, 1 Zwiebel, 2 Tomaten, 6 EL Olivenöl, Salz, 8 Eier

1. Die Artischocken von den welken Blättern befreien und die spitzen Blätter bis zur Hälfte abschneiden. Die Artischocken in dünne Scheiben schneiden, die geschälte Zwiebel in Würfel. Die Tomaten blanchieren, häuten, würfeln und entkernen.
2. In einer großen Pfanne 3 Eßlöffel Öl erhitzen und die Artischockenscheiben und Zwiebelwürfel darin unter ständigem Wenden anbraten. Die Tomatenwürfel sowie 2 Eßlöffel Wasser hinzugeben. Zudecken und bei leichter Hitze 10 Minuten schmoren. Zum Schluß den Deckel abnehmen und noch etwas brutzeln lassen, das Gemüse soll ganz trocken sein. Salzen.
3. Die Eier mit etwas Salz in einer Schüssel mit einem Schneebesen verquirlen, bis Eigelb und Eiweiß völlig miteinander vermischt sind.
4. Das Gemüse mit einem Schaumlöffel aus der Pfanne nehmen und unter die Eier mischen.
5. In der Pfanne 2 Eßlöffel Öl erhitzen und die Gemüse-Ei-Masse hineingießen. Ständig umrühren, bis die Eier zu stocken beginnen. Dann die Tortilla unter gelegentlichem Schütteln der Pfanne bei leichter Hitze zugedeckt von der Unterseite goldgelb backen. Es soll keine flüssige Eiermasse mehr vorhanden sein, wenn die Tortilla gewendet wird.
6. Auf einen Teller gleiten lassen und wenden. Den restlichen Löffel Olivenöl unter die gewendete Tortilla geben. Die zweite Seite ebenfalls goldgelb backen.
Beilage: Tomatensalat
Getränkeempfehlung: spanischer Rotwein

Blumenkohl-Soufflé

Für 4 Personen, Zubereitungszeit: 1 Stunde.
Pro Portion: 315 kcal, 20 g E, 24 g F, 5 g K.

1 Blumenkohl (ca. 500 g), Salz, 50 g Butter, weißer Pfeffer aus der Mühle, frischgeriebene Muskatnuß, 1 TL scharfes Currypulver, 80 g Gruyère (frisch gerieben), 4 Eigelb, 8 Eiweiß, Butter und Mehl für die Form

1. Den gewaschenen Blumenkohl in Salzwasser in 15 Minuten gar kochen. Die Röschen mit den Stielen ablösen und auf Küchenpapier abtrocknen lassen. Im Mixer pürieren.
2. Das Püree in einen Topf geben und erwärmen, die Butter in Flöckchen hinzufügen. Aufkochen lassen und mit den Gewürzen abschmecken. Den Käse unter die Blumenkohlmasse rühren. Abkühlen lassen.
3. Den Backofen auf 200 °C vorheizen.
4. Die Eigelbe nacheinander mit dem Püree verrühren. Die Eiweiße steif schlagen und 1/5 der Eiweißmasse mit der Soufflémasse verrühren, den Rest nur vorsichtig unterheben.
5. Vier kleine Förmchen mit Butter ausstreichen und mit Mehl bestäuben. Den Teig löffelweise hineingeben (nicht höher als bis zu zwei Dritteln der Höhe). Mit einem Messer zwischen dem Teig und den Formen entlangfahren, damit das Soufflé gut aufgeht.
6. Auf der mittleren Schiene des Backofens ca. 18 Minuten gar backen. Sofort servieren.

Beilage: Senffrüchte und Stangenweißbrot

Gratin von Broccoli, Spinat und Grünkern

Für 4 Personen, Zubereitungszeit: 1 Stunde.
Pro Portion: 735 kcal, 32 g E, 50 g F, 37 g K.

1 kg frischer, junger Spinat, Salz, 2 kleine Schalotten, 40 g Margarine, 200 g gekochter Grünkern, 250 g Sahne, weißer Pfeffer aus der Mühle, frischgeriebene Muskatnuß, 500 g Broccoli, 1/4 l selbstgemachte Gemüsebrühe, 2 cl Sherry Fino, 2 cl Sherryessig, 3 verquirlte Eigelb, 200 g Emmentaler (frisch gerieben)

1. Den Spinat putzen, waschen und in kochendem Salzwasser 1 Minute blanchieren. In kaltem Wasser kurz abschrecken, dann gut ausdrücken.
2. Die Schalotten schälen und fein hacken. Das Fett in einem Topf erhitzen und die Schalotten darin anschwitzen. Den Spinat hinzufügen, kurz andünsten, dann den Grünkern und die Hälfte der Sahne dazugeben und würzen.
3. Den Broccoli putzen und in kleine Röschen zerteilen, in kochendem Salzwasser blanchieren.
4. Brühe, die restliche Sahne, Sherry und Essig in einer Sauteuse um ein Drittel einkochen lassen. Vom Herd nehmen und die Eigelbe untermischen.
5. Die Spinatmischung in eine feuerfeste Auflaufform füllen und den gut abgetropften Broccoli darauf verteilen. Mit Käse bestreuen und mit der Sahne-Eier-Sauce begießen.
6. Auf der oberen Schiene unter dem Grill einige Minuten gratinieren.

Getränkeempfehlung: Spätburgunder Weißherbst, z. B. aus Baden

Hirschkeule mit Hagebuttensauce

Mikrowellen-Rezept)

'ür 4 Personen, Zubereitungszeit: 1 Stunde.
'ro Portion: 515 kcal, 43 g E, 25 g F, 15 g K.

'00 g Hirschkeule (ohne Knochen), Salz, chwarzer Pfeffer aus der Mühle, etwas abgeriebene, nbehandelte Orangenschale, 4 Wacholderbeeren zerdrückt), 1 Msp. Piment, 1/2 TL gemahlener Ingwer, EL Hagebuttenmark, 50 g durchwachsener geräucherter peck in dünnen Scheiben, 1 Bund Suppengrün, kleingeschnitten), 0,2 l Weißwein (Gewürztraminer), 0 g eiskalte Butter

. Die Hirschkeule vorsichtig häuten, vaschen, trockentupfen und mit einer Iischung aus den Gewürzen einreiben. Mit inem Eßlöffel Hagebuttenmark bestreichen nd mit den Speckscheiben bedecken. Nebeninander in eine ausreichend große Mikrowelenform legen und mit dem Suppengrün umegen.

. Die Form mit der Keule auf die mittlere chiene des Kombi-Gerätes stellen und 35–40 Minuten bei 360 Watt und 200 °C (180 °C Heißluft) offen braten. Nach etwa 15 Minuten die Keule mit dem Weißwein begießen und das restliche Hagebuttenmark in den Bratenfond rühren.

3. 10 Minuten vor Ende der Garzeit die Speckscheiben abnehmen und das Fleisch zugedeckt fertig garen. Die Speckscheiben in Würfel schneiden.

4. Die Keule herausnehmen und mit Alufolie umhüllt noch einige Minuten ruhen lassen. Den Bratensatz mit einem Pinsel ablösen und den Fond durch ein Sieb streichen. Die kalte Butter in kleinen Flöckchen nach und nach mit einem Schneebesen unter die Sauce schlagen.

5. Die Hirschkeule in Scheiben schneiden, mit den Speckwürfeln bestreuen und mit der Sauce begießen.

Beilage: Schupfnudeln und Rosenkohl

Getränkeempfehlung: trockener Weißwein, z. B. Gewürztraminer

Rehrücken mit Holundersauce

(Mikrowellen-Rezept)

Für 4 Personen, Zubereitungszeit: 45 Minuten, Marinierzeit: 2 Stunden.

Pro Portion: 440 kcal, 42 g E, 25 g F, 7 g K.

1 kg Rehrücken, Salz, schwarzer Pfeffer aus der Mühle, abgeriebene Schale von 1/2 unbehandelten Orange, 1 TL abgezupfte Thymianblättchen, 3 frische Salbeiblätter (fein gehackt), 3 Wacholderbeeren (zerdrückt), 1 Msp. gemahlener Zimt, 40 g Butterschmalz, 1 kleine Zwiebel (gehackt), 1 Bund Suppengrün (kleingeschnitten), 5 EL Holundersaft, 0,2 l Wildfond (Fertigprodukt), 40 g eiskalte Butter, 100 g frische Holunderbeeren

1. Den Rehrücken vorsichtig häuten. Die Gewürze miteinander vermischen und den Rücken damit einreiben. Mit Sichtfolie umhüllt etwa 2 Stunden marinieren.
2. Das Butterschmalz in einer großen Kasserolle auf dem Herd erhitzen und den Rücken darin bei starker Hitze von allen Seiten anbraten. Die Zwiebelwürfel sowie das Suppengrün dazugeben und kurz mitbraten. Mit Holundersaft und Wildfond aufgießen und einmal aufkochen lassen.
3. Den Rücken in eine längliche Mikrowellenform legen, mit dem Bratenfond begießen und zugedeckt 5 Minuten bei 600 Watt und 12–15 Minuten bei 360 Watt garen.
4. Den Rücken herausnehmen und mit Alufolie umhüllt einige Minuten ruhen lassen. Inzwischen den Bratensatz mit einem Pinsel ablösen und den Fond durch ein Sieb passieren. Die kalte Butter in kleinen Flöckchen nach und nach unter den Bratenfond schlagen. Die Holunderbeeren untermischen und die Sauce ohne Abdeckung 1–2 Minuten bei 360 Watt erhitzen, aber nicht mehr kochen lassen.
5. Die Rückenfilets vom Knochengerüst lösen, dabei die kleinen Filets an der Unterseite nicht vergessen. Das Fleisch in schräge Scheiben schneiden und auf 4 vorgewärmten Tellern verteilen. Mit der Fruchtsauce begießen.

Beilage: selbstgemachte Vollkornnudeln und Wirsinggemüse

Getränkeempfehlung: kräftiger italienischer Rotwein, z. B. Barbaresco Riserva

Zucchinifrittata mit Sonnenblumenkernen

Für 4 Personen, Zubereitungszeit: 30 Minuten.
Pro Portion: 240 kcal, 10 g E, 19 g F, 4 g K.

400 g Zucchini (möglichst klein), 4 EL Olivenöl, 2 EL Sonnenblumenkerne, 2 Knoblauchzehen, 1 große Zwiebel (fein gehackt), Salz, schwarzer Pfeffer aus der Mühle, 4 Eier

1. Die Zucchini waschen, vom Stengelansatz befreien und in dünne Scheiben schneiden oder auf der Gemüsereibe grob raspeln.
2. Die Hälfte des Olivenöls in einer breiten Pfanne erhitzen. Die Sonnenblumenkerne darin kurz anrösten. Den geschälten Knoblauch durch die Presse dazudrücken, die Zwiebelwürfel und die Zucchinischeiben oder -raspeln untermischen und bei mittlerer Hitze 7–8 Minuten dünsten, dabei öfters umrühren. Anschließend salzen, pfeffern und etwas abkühlen lassen.
3. Die Eier in einer Schüssel verquirlen. Die gedünsteten Zucchini untermischen.

4. Das restliche Olivenöl wieder in der Pfanne erhitzen und die Mischung hineingeben. Bei milder Hitze stocken lassen, dabei leicht an der Pfanne rütteln, damit nichts ansetzt. Die Frittata vorsichtig mit Hilfe eines Tellers wenden und in weiteren 5 Minuten fertigbraten.
5. Die Zucchinifrittata aus der Pfanne auf einen Teller gleiten lassen und in Viertel oder Achtel schneiden. Heiß, lauwarm oder kalt servieren.
Beilage: frisches Brot
Getränkeempfehlung: leichter, trockener Weißwein, vorzugsweise Verdicchio

Artischocken mit Paprika

(Mikrowellen-Rezept)
Für 2 Personen, Zubereitungszeit: 30 Minuten.
Pro Portion: 525 kcal, 11 g E, 31 g F, 43 g K.

6 junge, kleine Artischocken, Saft von 1 Zitrone, je 1 gelbe und rote Paprikaschote, 2 Knoblauchzehen, 1 Schalotte, 4 EL Olivenöl, Salz, schwarzer Pfeffer aus der Mühle, 6 EL Weißwein, 1 EL gehackte Petersilie

1. Von den Artischocken die äußeren harten Blattspitzen und die Stengelansätze abschneiden. Die Artischocken waschen, in Viertel schneiden und mit Zitronensaft beträufeln.
2. Die Paprikaschoten waschen, halbieren und die Stengelansätze sowie Samenkerne entfernen. Die Schotenhälften in kleine Würfel schneiden. Knoblauch und Schalotte schälen und fein hacken.
3. Paprika-, Knoblauch- und Schalottenwürfel in eine Mikrowellenform geben, mit Öl begießen und 4–5 Minuten bei 600 Watt braten. Die Artischockenviertel dazugeben, salzen und pfeffern und mit Wein aufgießen. Zugedeckt in 8–10 Minuten bei 600 Watt fertiggaren, dabei einmal umrühren.
4. Das Gemüse kurz ruhen lassen und mit Petersilie bestreut servieren.
Beilage zu kurzgebratenem Fleisch.

Gelbes Blumenkohlgemüse

Für 2 Personen, Zubereitungszeit: 35 Minuten.
Pro Portion: 245 kcal, 5 g E, 20 g F, 8 g K.

1 kleiner Blumenkohl (ca. 500 g), 1 Zwiebel, 1 Knoblauchzehe, 2 EL Öl, 1 TL Currypulver, 1 Msp. gemahlener Safran, 1 Stückchen getrockenete Pfefferschote, weißer Pfeffer aus der Mühle, Salz, 4 cl Reiswein oder trockener Sherry (Fino), 100 g Sahnejoghurt, einige Kerbelzweige

1. Den Blumenkohl putzen und in kleine Röschen teilen. Zwiebel und Knoblauchzehe schälen und in Würfel schneiden.
2. Das Öl in einem Wok oder einer hochwandigen Pfanne erhitzen. Die Zwiebel- und Knoblauchwürfel darin glasig braten. Die Gewürze dazugeben und kurz mitrösten.
3. Die Blumenkohlröschen hinzufügen, salzen und unter ständigem Rühren bei mittlerer Hitze anbraten. Mit Reiswein oder Sherry aufgießen und zugedeckt bei schwacher Hitze in etwa 10 Minuten gar dünsten, dabei gelegentlich umrühren.
4. Den Joghurt glattrühren und unter das Gemüse mischen. Mit Kerbel bestreuen.
Beilage zu Lotte oder gebratenen Scampi.

Blumenkohl auf indische Art

Für 4 Personen, Zubereitungszeit: 30 Minuten.
Pro Portion: 255 kcal, 4 g E, 23 g F, 8 g K.

1 großer oder 2 kleine Blumenkohl, 2 kleine Zwiebeln, 4 Knoblauchzehen, 1 Stückchen Ingwerwurzel, 6 EL Pflanzenöl, einige Senfkörner, 1 kleine, scharfe rote Pfefferschote, je 1 Msp. gemahlener Kümmel und Kurkuma (Gelbwurzel), 1 EL Curry, Salz, Saft von 1 Zitrone, 2 EL gehackter, frischer Koriander

1. Den Blumenkohl in Röschen zerteilen, gründlich waschen und abtropfen lassen. Die geschälten Zwiebeln in kleine Würfel schneiden. Die Knoblauchzehen ganz fein hacken. Die Ingwerwurzel schälen und in feine Würfel schneiden.
2. Das Öl in einem Schmortopf erhitzen und die Senfkörner darin kurz anrösten. Die Zwiebel- und Ingwerwürfel hinzufügen und glasig braten. Dann den Knoblauch, die feingehackte, entkernte Pfefferschote, die Gewürze und den Blumenkohl in den Topf geben. Salzen.
3. Im geschlossenen Topf unter gelegentlichem Rühren oder Schütteln des Topfes in 15 Minuten gar schmoren. Das Gemüse vor dem Servieren mit Zitronensaft beträufeln und mit Koriander bestreuen. Wenn Sie keinen frischen Koriander bekommen, können Sie auch Petersilie verwenden.

Beilage: körnig gekochter Reis
Getränkeempfehlung: Mineralwasser

Gefüllte Artischocken

Für 4 Personen, Zubereitungszeit: 70 Minuten.
Pro Portion: 410 kcal, 12 g E, 35 g F, 9 g K.

4 große Artischocken (ca. 600 g), 1/2 Zitrone, 80 g Butter, 150 g Räucherlachs, 2 EL Sahne, 1/2 TL Zitronenpfeffer, 4 EL Weißwein, 1 EL feingehackte Schalotten, weißer Pfeffer aus der Mühle, 3 Eigelb, Salz, etwas Zitronensaft

1. Das obere Drittel der Artischocken abschneiden und den Stiel abbrechen. Die Schnittfläche sofort mit der halbierten Zitrone einreiben.
2. Die Artischocken in ganz schwach gesalzenem Wasser 30–40 Minuten (je nach Größe) kochen. Mit einem Schaumlöffel aus dem Wasser nehmen und abkühlen lassen. Die inneren Herzblätter mit einer Drehbewegung lösen und das Heu aus dem Boden entfernen.
3. Die Artischockenböden in kleine feuerfeste, gut ausgebutterte (ca. 1 EL Butter dafür verwenden!) Portionsförmchen legen.
4. Den Räucherlachs fein hacken. Das Artischockenfleisch mit Hilfe eines Löffelrückens aus den Blättern drücken und mit dem Lachs, der Sahne und dem Zitronenpfeffer mischen.
5. Den Weißwein mit den Schalotten und Pfeffer aufkochen. So lange kochen lassen, bis nur noch ungefähr 1 Teelöffel Flüssigkeit vorhanden ist.
6. Die Eigelbe in ein Wasserbadpfännchen geben. Den eingekochten Weißwein durch ein Sieb streichen und zu den Eigelben geben. Ein kleines Stück Butter zufügen und bei mittlerer Hitze (die Temperatur des Wasserbades soll

beim Eintauchen der Fingerspitzen noch zu ertragen sein) so lange schlagen, bis die Sauce cremig am Schneebesen haften bleibt.
7. Das kleine Pfännchen aus dem Wasserbad nehmen und den Rest der Butter flockenweise unter die Sauce rühren. Das Pfännchen von Zeit zu Zeit ganz kurz wieder ins heiße Wasser tauchen, damit die Sauce nicht abkühlt und die Butterstückchen gut schmelzen. Sobald alle Butter verarbeitet ist, die Sauce mit Salz und Zitronensaft würzen.
8. Die oben vorbereitete Lachsmischung in die Artischockenböden verteilen. Mit Sauce überziehen und nur ganz kurz (1–2 Minuten) bei Oberhitze (ca. 240 °C) gratinieren.
9. Als Vorspeise servieren.
Getränkeempfehlung: weißer Bordeaux

Kalbsragout mit jungen Artischocken

(Mikrowellen-Rezept)

Für 4 Personen, Zubereitungszeit: 45 Minuten.
Pro Portion: 325 kcal, 26 g E, 14 g F, 15 g K.

8 kleine, junge Artischocken, Saft von 1 Zitrone, 400 g Kalbfleisch aus der Schulter, Salz, weißer Pfeffer aus der Mühle, 1 Zwiebel, 4 EL Olivenöl, 1/8 l trockener Weißwein, 1/8 l Kalbsfond (aus dem Glas), 2 Eier (getrennt), Saft und Schale von 1/2 unbehandelten Zitrone, 1 EL gehackte Petersilie

1.Von den Artischocken die Stiele abbrechen und die äußeren harten Blätter entfernen, die Köpfe vierteln und das Heu herausschaben. Die Artischocken sofort mit Zitronensaft beträufeln, damit sie sich nicht verfärben.
2. Das Kalbfleisch waschen, trockentupfen und in etwa 3 cm große Würfel schneiden. Mit Salz und Pfeffer würzen. Die Zwiebel schälen und in Würfel schneiden.
3. Die Zwiebelwürfel mit dem Öl in eine Mikrowellenform geben und in 3–4 Minuten bei 600 Watt offen glasig braten.
4. Den Backofen eines Kombi-Gerätes auf 200 °C vorheizen.
5. Die Artischocken und das Fleisch zu den Zwiebeln geben und für 3–4 Minuten bei 600 Watt und 200 °C (Heißluft 180 °C) offen in das Mikrowellengerät stellen. Dann mit Wein und Fond aufgießen und auf der unteren Schiene offen in 15–18 Minuten bei 600 Watt und gleicher Backofeneinstellung gar werden lassen, dabei gelegentlich umrühren.
6. Währenddessen die Eiweiße mit etwas Salz zu steifem Schnee schlagen, nach und nach den Zitronensaft hinzufügen und zum Schluß die Eigelbe unterziehen.
7. Das Ragout herausnehmen, den Backofen ausschalten. Unter vorsichtigem Umrühren den Eier-Zitronen-Schaum unterziehen und 2–3 Minuten bei 180 Watt stocken lassen, dann mit Petersilie bestreut servieren.
Beilage: körnig gekochter Reis oder Salzkartoffeln
Getränkeempfehlung: junger, fruchtbetonter Weißwein, z. B. Chardonnay

Blumenkohl mit Haselnußbutter

Für 4 Personen, Zubereitungszeit: 30 Minuten.
Pro Portion: 385 kcal, 6 g E, 38 g F, 6 g K.

1 mittelgroßer Blumenkohl (ca. 800 g), Salz, Saft von 1/2 Zitrone, 125 g Butter, 5 EL gemahlene Haselnüsse, schwarzer Pfeffer aus der Mühle, frischgeriebene Muskatnuß

1. Den Blumenkohl, falls nötig, von den Blättern befreien. Dann in möglichst kleine Röschen teilen und waschen.
2. Reichlich Wasser mit Salz und Zitronensaft aufkochen. Die Blumenkohlröschen zufügen und bei schwacher Hitze in 8 Minuten bißfest garen.
3. Die Butter in einer Kasserolle schmelzen und die gemahlenen Haselnüsse einstreuen und aufschäumen lassen. Mit Salz, Pfeffer und Muskat würzen.
4. Den Blumenkohl mit einem Schaumlöffel aus dem Sud nehmen und dabei sehr gut abtropfen lassen. Auf einer Platte anordnen und mit der heißen Haselnußbutter übergießen. Gleich servieren.

Anstelle von Haselnüssen können Sie auch Mandeln, Walnüsse oder Pistazien verwenden. Anstelle der Nußbutter schmeckt auch Gorgonzola-Sahne-Sauce sehr gut zu Blumenkohl. Dann passen als Beilage Rühreier mit Schinken. Beilage zu Wild.

Blumenkohlsuppe mit Curry

(Mikrowellen-Rezept)

Für 4 Personen, Zubereitungszeit: 35 Minuten.
Pro Portion: 130 kcal, 7 g E, 7 g F, 10 g K.

1 kleiner Blumenkohl (ca. 500 g), 1 mittelgroße, mehligkochende Kartoffel (ca. 100 g), 1/4 l Milch, 1/2 l Kalbsbrühe (selbstgemacht oder aus Extrakt), Salz, weißer Pfeffer aus der Mühle, 1 EL mildes Currypulver, frischgeriebene Muskatnuß, 4 EL Sahne, 1 Eigelb, 2 EL gehackte Petersilie

1. Den Blumenkohl putzen, waschen und in kleine Röschen teilen. Die Stiele in kleine

Stücke schneiden. Die Kartoffel schälen, waschen und in Würfel schneiden.
2. Das Gemüse in eine große Mikrowellenform geben, es darf nicht mehr als 3 cm übereinander liegen. Mit Milch und Brühe begießen und mit Salz, Pfeffer, Curry und Muskat würzen. Zugedeckt 16–18 Minuten bei 600 Watt kochen lassen.
3. Einige kleine Blumenkohlröschen herausfischen und beiseite legen. Das restliche Gemüse mitsamt der Flüssigkeit im Mixer oder mit dem Stabmixer fein pürieren, dann durch ein Sieb streichen.
4. Sahne und Eigelb verquirlen und die Suppe damit legieren. 2–3 Minuten bei 360 Watt erhitzen, aber keinesfalls kochen lassen.
5. Die übrigen Blumenkohlröschen in die Suppe geben und mit Petersilie bestreut servieren.

Broccolicremesuppe mit Pinienkernen

Für 4 Personen, Zubereitungszeit: 25 Minuten.
Pro Portion: 225 kcal, 8 g E, 19 g F, 7 g K.

600 g tiefgekühlter Broccoli (aufgetaut), 2 EL Butter, 1 mittelgroße Zwiebel (fein gehackt), 2 Knoblauchzehen, 3/4 l Fleischbrühe (aus Extrakt), 200 g Sahne, Salz, schwarzer Pfeffer aus der Mühle, 1 TL frischer Oregano oder 1/2 TL getrockneter, 3 EL Pinienkerne

1. Den Broccoli in mittelgroße Stücke zerschneiden. Einige schöne kleine Röschen beiseite legen.
2. Die Hälfte der Butter in einem Suppentopf erhitzen, den Broccoli und die Zwiebelwürfel darin 5 Minuten andünsten.
3. Den Knoblauch schälen und dazudrücken. Die Fleischbrühe und die Sahne dazugießen und aufkochen. Zugedeckt 15 Minuten köcheln lassen.
4. Die Suppe im Mixer oder mit einem Stabmixer fein pürieren und mit Salz, Pfeffer und Oregano würzen.
5. Die Pinienkerne in der restlichen Butter goldbraun rösten.
6. Die zurückbehaltenen Broccoliröschen in die Suppe geben. Die Suppe in Tassen oder Teller füllen und mit den Pinienkernen bestreuen.

Den Broccoli können Sie durch Blumenkohl oder Romanesco ersetzen und die Pinienkerne durch Sesam.

Das Element Wasser

Rezepte für Blattpflanzen

Knackige Salate, duftende Kräuter, herzhaftes Kraut: an den Blattagen können die Zutaten nicht frisch genug sein. Ob aus dem eigenen Garten oder vom Markt: Krebs, Skorpion und Fische mögen's knackig und saftig. Blau ist ihre Farbe. Sie beruhigt und gleicht aus. An Blattagen sollten Sie sich deshalb viel Zeit zum Essen nehmen. Kerzenschein und sanfte Musik wären die idealen Begleiter für die Lieblingsgerichte der romantischen Wasserzeichen …

Rosenkohlflan mit Champignon-Nuß-Sauce

Für 4 Personen, Zubereitungszeit: 45–50 Minuten.
Pro Portion: 395 kcal, 8 g E, 36 g F, 7 g K.

250 g Rosenkohl, 50 ml Milch, 6 EL Sahne, 3 Eigelb, Salz, Pfeffer aus der Mühle, Butter für die Ringform

Sauce:
30 g weiche Butter, 30 g gemahlene Nüsse (Walnüsse, Haselnüsse, Pinienkerne), 100 g Champignons, 2 feingehackte Schalotten, 1 EL Butter, 3 EL Weißwein, 100 g Sahne, 0,1 l Gemüsebrühe, Salz, schwarzer Pfeffer aus der Mühle, Cayennepfeffer, Kerbelblättchen zum Garnieren

1. Für die Nußbutter die Butter mit den gemahlenen Nüssen zu einer Paste verarbeiten. In eine Schüssel Eiswürfel füllen, die etwas kleinere Schüssel mit der Nußbutter hineinsetzen und in den Kühlschrank stellen.
2. Den Rosenkohl putzen, über Dampf oder in Salzwasser knapp garen und sofort in Eiswasser abschrecken. Abtropfen lassen und mit der Milch im Mixer pürieren. Die Sahne auf die Hälfte einkochen. Etwas abkühlen lassen, dann mit den Eigelben gut verrühren und mit dem Rosenkohlpüree mischen. Mit Salz und Pfeffer abschmecken.
3. Einen Savarinring mit Butter ausstreichen. Die Masse einfüllen und im Wasserbad ca. 20–25 Minuten bei 200 °C garen.
4. Für die Sauce die Champignons putzen, in sehr kleine Würfel schneiden und mit den Schalotten in 1 Eßlöffel Butter dünsten. Den Wein zugeben, kurz kochen und durch ein Sieb gießen. Die Flüssigkeit mit der Sahne und der Gemüsebrühe einkochen, bis die Sauce leicht sämig wird. Die eiskalte Nußbutter unter die Sauce schlagen. Mit Salz, Pfeffer und Cayennepfeffer abschmecken.
5. Den Ring vorsichtig stürzen. Die Mitte mit den Champignons und der Nußsauce füllen. Mit Kerbelblättchen garnieren.

Als Vorspeise servieren.

Getränkeempfehlung: trockener Weißwein

Spinatnocken, mit Käse gratiniert

Für 4 Personen, Zubereitungszeit: 45 Minuten.
Pro Portion: 415 kcal, 29 g E, 29 g F, 9 g K.

750 g junge Spinatblätter, Salz, 250 g trockener Quark, 3 Eigelb, 2–3 EL feines Weizenvollkornmehl (frisch gemahlen), Salz, weißer Pfeffer aus der Mühle, frischgeriebene Muskatnuß, 200 g Emmentaler (frisch gerieben), Fett für die Form

1. Den Spinat sorgfältig verlesen und gründlich waschen. Reichlich Salzwasser zum Kochen bringen, den Spinat darin 1 Minute blanchieren und auf einem Durchschlag abtropfen lassen. Dann gut ausdrücken und kleinhacken.
2. Den Quark in eine Schüssel geben und mit Spinat, Eigelben und Mehl zu einer formbaren Masse verarbeiten. Mit Salz, Pfeffer und Muskat würzig abschmecken.

3. Reichlich Salzwasser in einem großen Kochtopf zum Kochen bringen und den Grill vorheizen.
4. Mit einem Eßlöffel aus der Spinatmasse Nocken formen und im leicht siedenden Salzwasser in 2–3 Minuten gar ziehen lassen. Mit einem Schaumlöffel herausheben, abtropfen lassen und nebeneinander in eine feuerfeste, gefettete Form legen. Die Nocken mit Käse bestreuen und unter dem Grill kurz gratinieren.
Beilage zu Fleischgerichten oder mit einer Käsesauce als warmes Zwischengericht.

Zander mit Spargel und Rieslingsauce

Für 2 Personen, Zubereitungszeit: 50 Minuten.
Pro Portion: 640 kcal, 43 g E, 36 g F, 13 g K.

1 küchenfertiger mittelgroßer Zander (ca. 700 g), 2 EL Zitronensaft, Salz, schwarzer Pfeffer aus der Mühle, 1 EL gehackter Kerbel, 2 EL Butterschmalz, 4 Schalotten, 1 grob gehackte Möhre, 1 in Ringe geschnittene Porreestange, 0,3 l Riesling, 8 gekochte Spargel, 80 g eiskalte Butter, 2–3 EL Sahne (nach Belieben)

1. Den Fisch von beiden Seiten mehrmals leicht schräg einschneiden, damit die Kräuter und der Wein besser das Fischfleisch würzen. Den Zander außen und innen mit dem Zitronensaft beträufeln und mit Salz und Kerbel würzen.
2. Das Butterschmalz in einer länglichen Auflaufform erhitzen, die Schalotten, Möhren und Porree hinzufügen, kurz dünsten und mit der Hälfte des Rieslings ablöschen. Den Zander auf das Gemüsebett legen und im Backofen bei 225 °C etwa 15–20 Minuten garen. Ab und zu mit dem Sud begießen. Den Fisch vorsichtig aus der Form nehmen, auf Alufolie legen und warmstellen.
3. Den Fond durch ein Sieb passieren. Von den Spargeln die Köpfe abschneiden und beiseite legen. Den übrigen Spargel mit dem Fischfond pürieren. Nun den restlichen Riesling dazugeben und die gesamte Flüssigkeit auf die Hälfte einkochen lassen.
4. Die eiskalte Butter in Flocken schneiden und mit einem Schneebesen unter die Sauce ziehen. Die Sauce ist gebunden, sobald sie den Schneebesen umhüllt. Wer möchte, kann zum Schluß noch Sahne zur Sauce geben.
5. Den Fisch häuten, zerlegen und mit den Spargelspitzen garnieren. Die Sauce separat zum Fisch servieren.
Beilage: Reis
Getränkeempfehlung: Riesling, Sylvaner oder Fendant

Herbstsalat

Für 4 Personen, Zubereitungszeit: 40 Minuten.
Pro Portion: 240 kcal, 8 g E, 19 g F, 6 g K.

200 g Blattsalat (Lollo Rosso, Batavia, Kresse, Eichblatt etc.), 100 g frische Pilze (Pfifferlinge, Steinpilze), 100 g Rehfleisch (ohne Knochen), 2 Scheiben Toastbrot, 2 EL Butterschmalz, 2 EL Butter, 4 Wachteleier

Sauce:
3 EL Haselnußöl, 1/2 TL scharfer Senf, 1 EL Sherryessig, 1 EL Fleischbrühe, 1 Knoblauchzehe, 1 Prise Thymian (getrocknet), 1 EL Oregano (getrocknet), Salz, schwarzer Pfeffer aus der Mühle

1. Den Salat und die Pilze putzen und waschen. Die Salate trockenschleudern, die Pilze abtupfen und in Scheiben schneiden. Das Rehfleisch in feine Streifen schneiden.
2. Für die Sauce das Haselnußöl und den Senf verrühren. Mit dem Essig, der Brühe, dem geschälten, durchgepreßten Knoblauch, dem Thymian, 1/2 Eßlöffel Oregano, Salz und Pfeffer mischen.
3. Das Toastbrot in sehr kleine Würfelchen schneiden, in 1 Eßlöffel Butterschmalz in einer Pfanne hellgelb braten und herausnehmen. Die Bratpfanne ausreiben. 1 Eßlöffel Butter hineingeben und die Pilze ganz kurz darin anziehen lassen. Aus der Pfanne nehmen und beiseite stellen. Die Pfanne trockenreiben, das restliche Butterschmalz hineingeben, das Fleisch darin ganz kurz anbraten. Es soll innen hellrosa bleiben.
4. Die Salatblätter auf Tellern verteilen. Die Pilze darauflegen und mit der Sauce beträufeln. Mit den Buttercroûtons und dem restlichen Oregano bestreuen.
5. Die Wachteleier aufschlagen und in der in der Pfanne verbliebenen Butter zu Spiegeleiern braten. Auf dem Salat anrichten.

Beilage: frisches Brot
Getränkeempfehlung: gehaltvoller Weißwein oder Roséwein aus der Provence, z. B. Tavel

Kaninchenrücken im grünen Mantel

(Mikrowellen-Rezept)
Für 4 Personen, Zubereitungszeit: 1 Stunde 30 Minuten.
Pro Portion: 505 kcal, 33 g E, 36 g F, 6 g K.

1 Kaninchenrücken (ca. 600 g), 1 Bund Suppengrün, Salz, schwarzer Pfeffer aus der Mühle, 300 g tiefgekühlter Blattspinat, 1 EL gehackte Schalotten, 1 gehackte Knoblauchzehe, 30 g durchwachsener geräucherter Speck (in Würfel geschnitten), 1 EL Öl, 1 EL frischgeriebener Parmesan, 150 g Kalbsbrät, 1 Eigelb, 1 EL Semmelbrösel, frischgeriebene Muskatnuß, 1 ausreichend großes Stück Schweinenetz, 30 g eiskalte Butter

1. Die beiden Rückenfilets mit einem scharfen Messer vom Knochen lösen, dabei die kleinen Filets auf der Unterseite nicht vergessen. Das Knochengerüst in kleine Teile hacken und mit dem gewaschenen, kleingeschnittenen Suppengrün in eine Mikrowellenform geben. Mit 1/2 l Wasser begießen, salzen und zugedeckt 10 Minuten bei 600 Watt kochen lassen.
2. Das ausgelöste Kaninchenfleisch mit Salz und Pfeffer einreiben und beiseite stellen.
3. Den Kaninchenfond aus der Mikrowelle nehmen. Den Blattspinat ohne Verpackung auf einen mikrowellentauglichen Teller legen und offen 5 Minuten bei 180 Watt antauen lassen.
4. Schalotten-, Knoblauch- und Speckwürfel in eine Mikrowellenform geben, mit Öl begießen und alles in 2–3 Minuten bei 600 Watt glasig braten. Den angetauten Spinat dazugeben, vermischen und zugedeckt 4–5 Minuten bei 600 Watt garen. Herausnehmen, abkühlen lassen, mit einem breiten Messer grob hacken und den Parmesan untermischen.
5. Das Brät in eine Schüssel geben, mit Eigelb und Semmelbröseln vermischen und mit Salz und Muskat abschmecken.
6. Den Backofen des Kombi-Geräts auf 220 °C vorheizen.
7. Das Schweinenetz ausbreiten und auf die Länge des Filets mit Spinat belegen. Die Brätmasse gleichmäßig daraufstreichen und in die

Mitte nebeneinander die Filets legen. Mit Hilfe des Schweinenetzes umhüllen, überstehende Enden wegschneiden. Mit der Nahtstelle nach unten auf den Rost des Kombi-Gerätes legen und darunter die Fettpfanne schieben. Bei 360 Watt und 220 °C (Heißluft 200 °C) 12–15 Minuten braten.

8. Die Fleischrolle herausnehmen und mit Alufolie umhüllt warmstellen, den Backofen ausschalten. Den Bratensatz mit dem Kaninchenfond aufgießen und ohne Abdeckung 4–5 Minuten bei 600 Watt einkochen lassen. Zum Schluß die kalte Butter in kleinen Flöckchen mit einem Schneebesen unter die Sauce schlagen.

9. Die umhüllten Kaninchenfilets mit einem scharfen Messer in Scheiben schneiden und die Sauce getrennt reichen.

Beilage: Kartoffelgratin und Möhrengemüse

Getränkeempfehlung: italienischer Weißwein, z. B. Pinot Grigio aus dem Trentino

Rigatoni mit Petersilien-Nuß-Sauce

Für 4 Personen, Zubereitungszeit: 20 Minuten.
Pro Portion: 860 kcal, 27 g E, 42 g F, 88 g K.

2 EL Butter, 1 Zwiebel (gehackt), 100 g Walnüsse (gehackt), 500 g Rigatoni, Salz, 200 g Doppelrahm-Frischkäse, 0,2 l Sahne, schwarzer Pfeffer aus der Mühle, 1 TL Thymian (frisch oder getrocknet), 1–2 TL Zitronensaft, 2 Bund glatte Petersilie (fein gehackt)

1. Die Butter in einem mittelgroßen Topf erhitzen und die Zwiebelwürfel darin glasig dünsten. Die gehackten Walnüsse zufügen.
2. Die Rigatoni in kochendem Salzwasser in 10–12 Minuten al dente kochen. Abgießen und in eine große Schüssel füllen.
3. In der Zwischenzeit den Doppelrahm-Frischkäse und die Sahne unter die Zwiebel-Nuß-Mischung rühren, aufkochen und bei schwacher Hitze köcheln, bis die Nudeln fertig sind. Mit Salz, Pfeffer, Thymian und Zitronensaft abschmecken.
4. Die Petersilie in die Sauce rühren, nochmals abschmecken. Sauce getrennt reichen oder über die Nudeln gießen, gut mischen und gleich servieren.

Beilage: Tomatensalat mit Zwiebeln
Getränkeempfehlung: leichter, roter Tischwein, z. B. Chianti oder Beaujolais

Piroggen mit Radicchio-Käse-Füllung

Für 4 Personen, Zubereitungszeit: 1 Stunde, Ruhezeit: 2 Stunden.
Pro Portion: 830 kcal, 24 g E, 57 g F, 49 g K.

Teig:
450 g Weizenvollkornmehl, 1 Prise Salz, 1 TL Backpulver, 3 Eier, 200 g Crème fraîche, 125 g gut gekühlte Butter, Mehl zum Ausrollen, Fett für das Backblech

Füllung:
1 Gemüsezwiebel, 1 mittelgroßer Kopf Radicchio (200 g), 4 EL Olivenöl, 2 Knoblauchzehen (gehackt), Salz, weißer Pfeffer aus der Mühle, 200 g Emmentaler, 2 Eigelb zum Bestreichen

1. Für den Teig das Mehl in eine Schüssel sieben, mit Salz und Backpulver vermischen und in die Mitte eine Mulde drücken. Eier sowie Crème fraîche hineingeben und mit einer Gabel mit etwas Mehl verquirlen. Die Butter in kleinen Flöckchen auf den Rand setzen und alles mit den Händen rasch zu einem glatten Teig verkneten und mit Folie umhüllt 2 Stunden kühlstellen.
2. Die Gemüsezwiebel schälen, vom Radicchio die äußeren, welken Blätter entfernen. Beide Gemüse halbieren und in feine Streifen schneiden.
3. Das Öl in einer Pfanne erhitzen und die Gemüsestreifen und den Knoblauch darin unter Rühren bei mittlerer Hitze anschwitzen. Mit Salz und Pfeffer würzen und vom Herd nehmen. Den Käse in kleine Würfel schneiden und unter die etwas abgekühlte Füllung mischen.
4. Den Backofen auf 200 °C vorheizen.
5. Den Piroggenteig auf einem bemehlten Brett dünn ausrollen, in sechs gleichgroße Quadrate schneiden und die Füllung darauf verteilen.
6. Das Eigelb mit etwas Wasser verquirlen und mit der Hälfte davon die Ränder bestreichen. Die Füllung mit Teig umhüllen und die Nahtstellen gut festdrücken. Die Piroggen auf ein

gefettetes Backblech legen, mit dem restlichen Eigelb bestreichen und auf der mittleren Schiene des Backofens 10–12 Minuten backen.
Getränkeempfehlung: Portugieser Weißherbst aus der Rheinpfalz

Quiches mit Kresse und Quark

Für 4 Personen, Zubereitungszeit: 1 Stunde, Ruhezeit für den Teig: 1 Stunde.
Pro Portion: 410 kcal, 14 g E, 26 g F, 26 g K.

Teig:
300 g Weizenmehl, 2 Eier, 2 Prisen Salz, 150 g Butter

Füllung:
200 g Gartenkresse, 4 Eigelb, 300 g Sahnequark, 4 Eiweiß, Salz, $^1/_2$ TL Dillspitzen, weißer Pfeffer aus der Mühle, Butter für die Förmchen, 30 g Butter

1. Für den Teig das Mehl in eine Schüssel sieben und eine Vertiefung hineindrücken. Die Eier, das Salz und die kleingeschnittene Butter hineingeben. Die Zutaten zu einem glatten Teig verarbeiten. Zu einer Kugel formen und mindestens 1 Stunde im Kühlschrank ruhen lassen.
2. Den Backofen auf 200 °C vorheizen.
3. Für die Füllung die Kresse waschen, gut abtropfen lassen und grob hacken. Das Eigelb mit dem Sahnequark sämig rühren. Das Eiweiß mit wenig Salz steifschlagen. Die Eiercreme mit dem Dill mischen. Den Eischnee und die Kresse Löffel für Löffel darunterziehen. Mit Pfeffer und eventuell etwas Salz abschmecken.
4. Förmchen von 10 cm Durchmesser mit Butter bestreichen. Den Teig 3 mm dick ausrollen. Die Förmchen damit auslegen. Mit einer Gabel die Teigböden mehrmals einstechen. Die Förmchen mit passend zugeschnittenem Backpapier auslegen und mit weißen Bohnen oder Erbsen füllen. 15 Minuten blindbacken.
5. Bohnen und Papier entfernen. Die Füllung auf die Förmchen verteilen. Butter in Flocken schneiden und auf die Quiches setzen.
In 10–15 Minuten bei 220 °C fertigbacken. Warm oder lauwarm servieren.
Beilage: Tomaten- oder Paprikasalat
Getränkeempfehlung: Apfelwein

Kohlrabigemüse

Für 4 Personen, Zubereitungszeit: 25 Minuten.
Pro Portion: 115 kcal, 4 g E, 6 g F, 10 g K.

6 junge Kohlrabi mit frischem Grün, $^1/_4$ l Wasser, Salz, 2 EL Butter, 1 EL Mehl, frischgeriebene Muskatnuß

1. Die Kohlrabi schälen und in feine Scheiben oder bleistiftstarke Stifte schneiden, die jungen Kohlrabiblätter waschen, aufrollen und in Streifen schneiden.
2. Die Kohlrabischeiben mit dem Wasser und etwas Salz in einem Topf aufsetzen und zugedeckt in etwa 15 Minuten bei mittlerer Hitze gar kochen. Das Grün erst kurz vor Ende der Kochzeit hinzufügen.
3. In der Zwischenzeit Butter und Mehl mit einer Gabel gründlich verkneten. Den Butterkloß in kleinen Flöckchen an das Gemüse geben und aufkochen lassen. Mit Muskatnuß abschmecken.
Beilage zu Fleischgerichten aus der Pfanne.

Spaghetti mit Pesto

Für 4 Personen, Zubereitungszeit: 45 Minuten.
Pro Portion: 770 kcal, 20 g E, 41 g F, 75 g K.

2 Kartoffeln, 50 g sehr zarte grüne Bohnen,
40 g Salz für 4 l Wasser, 400 g Spaghetti

Pesto:
1 Handvoll Pinienkerne, 1 Handvoll Basilikumblätter,
4 Knoblauchzehen, 10 g grobes Meersalz, 30 g Parmesan,
30 g Pecorino, 8 El Olivenöl

1. Für den Pesto die Pinienkerne in einer trockenen Pfanne hellgelb rösten. Abkühlen lassen und grob hacken.
2. Die Basilikumblätter waschen, trockentupfen und mit einer Schere in breite Streifen schneiden. Die Knoblauchzehen abziehen und in feine Würfel hacken.
3. Pinienkerne und die Knoblauchwürfel in einem Mörser fein zerstoßen. Dann die Basilikumblätter und das Salz hinzufügen und weiter stampfen.
4. Den Käse in Stückchen zerbröckeln, in den Mörser geben und mit dem Stößel ganz zerstoßen. Nach und nach das Olivenöl hinzufügen, es soll eine cremige Masse entstehen. Den Pesto durchziehen lassen.
5. Inzwischen die Kartoffeln schälen und in kleine Würfel schneiden, die Bohnen waschen und in Stückchen brechen.
In einem großen Topf 4 l Wasser mit dem Salz zum Kochen bringen und die Kartoffelwürfel und Bohnenstückchen 5 Minuten darin kochen lassen. Dann die Spaghetti hinzufügen und in 8–11 Minuten al dente kochen. Auf ein Sieb schütten und abtropfen lassen, dabei etwas Kochwasser auffangen und beiseite stellen.
6. Den Pesto mit einigen Löffeln Kochwasser geschmeidig machen. Die Nudeln mit dem Gemüse in eine vorgewärmte Schüssel geben und gründlich mit dem Pesto vermischen.

Wirsing in Rahm

Für 4 Personen, Zubereitungszeit: 30 Minuten.
Pro Portion: 460 kcal, 9 g E, 43 g F, 9 g K.

1 großer oder 2 kleine Wirsing (ca. 1 kg), Salz,
100 g geräucherter Schinkenspeck, 2 EL Butter,
200 g Crème fraîche, schwarzer Pfeffer aus der Mühle,
frischgeriebene Muskatnuß

1. Die äußeren welken Blätter des Wirsings entfernen, den Strunk abschneiden, den Kohl vierteln und waschen. In kochendem Salzwasser wenige Minuten blanchieren. Auf einem Sieb abtropfen lassen und die Wirsingblätter in Streifen schneiden.
2. Den Schinkenspeck in kleine Würfel schneiden. Die Butter in einer weiten Pfanne erhitzen und die Speckwürfel darin glasig braten.
3. Die Wirsingstreifen zu den Speckwürfeln geben und etwas schmoren lassen. Mit der Crème fraîche übergießen, die Pfanne zudecken und den Kohl 10 Minuten bei mittlerer Hitze dünsten.

4. Mit Salz, Pfeffer und Muskatnuß abschmecken. Beilage zu gebratenem und gegrilltem Fleisch.

Nudeln mit Spargel und Lachs

Für 4 Personen, Zubereitungszeit: 45–50 Minuten.
Pro Portion: 560 kcal, 24 g E, 29 g F, 45 g K.

15 g Butter, 1 Stück Würfelzucker, 500 g grüner Spargel, 200 g Sahne, Salz, weißer Pfeffer aus der Mühle, 250 g hausgemachte Nudeln, 250 g frischer Lachs (entgrätet), 1 kleiner Bund Kerbel

1. In 1 Liter kochendes Salzwasser 10 g Butter und den Würfelzucker geben. Den Spargel zusammenbinden und mit den Spitzen nach oben in 20–30 Minuten nicht zu weich kochen.
2. Die Spargelspitzen (ca. 8 cm) abschneiden und im Spargelwasser warm halten. 4 Spargelstangen kleinschneiden und mit 2 Eßlöffel Spargelsud im Mixer pürieren. Die Mischung mit der Sahne in eine weite Pfanne geben und einkochen, bis eine leicht sämige Sauce entsteht. Mit Salz und Pfeffer abschmecken.
3. Die Nudeln in reichlich kochendem Wasser al dente kochen.

4. Das Lachsfleisch in kleine Stücke schneiden. Einen Siebaufsatz mit der restlichen Butter bestreichen. Die Fischstückchen darauflegen, einen passenden Topf 3 cm hoch mit Wasser füllen und den Einsatz daraufstellen. Den Lachs in 1–2 Minuten über dem Dampf garen.
5. Nudeln mit Lachs und der Sauce mischen. Mit den Spargelspitzen garnieren. Kerbel waschen, mit der Schere kleinschneiden und über das Gericht streuen.

Gnocchi aus Ricotta

Für 4 Personen, Zubereitungszeit: 30 Minuten.
Pro Portion: 515 kcal, 30 g E, 40 g F, 3 g K.

250 g Spinat, 300 g Ricotta, Salz, frischgeriebene Muskatnuß, 160 g Parmesan (frisch gerieben), 3 Eier, 3 Eigelb, 60 g Butter, einige Salbeiblätter

1. Den Spinat sorgfältig waschen. Tropfnaß in einen Topf geben und zugedeckt aufkochen, bis er zusammenfällt.
2. Den Spinat auf einem Sieb gut abtropfen und erkalten lassen. Dann fein wiegen.
3. Die Ricotta mit Salz, Muskat, 100 g Parmesan und dem Spinat vermischen. Nach und nach die Eier und die Eigelbe an die Ricottamasse geben.
4. Mit zwei Löffeln kleine Klößchen abstechen. Man kann auch auf einem bemehlten Brett 2 cm lange Nockerln formen, wenn der Teig etwas fester ist.
5. Reichlich Salzwasser zum Kochen bringen und die Gnocchi darin 3 Minuten ziehen lassen. Mit einem Schaumlöffel herausnehmen und in eine feuerfeste, flache Auflaufform geben.
6. Den Backofen auf 250 °C vorheizen.
7. Die Butter in einer Pfanne zerlassen und die Salbeiblätter kurz darin schwenken. Über die Nockerln gießen, mit dem restlichen Parmesan bestreuen und wenige Minuten im Backofen auf der oberen Schiene gratinieren.

Eiertöpfchen mit Porree

Für 4 Personen, Zubereitungszeit: 30 Minuten.
Pro Portion: 220 kcal, 16 g E, 16 g F, 3 g K.

80 g Porree, 1 TL Butter, 4 EL Weißwein, 100 g gekochte Rinderzungenscheiben, 150 g Sahnequark, Salz, Pfeffer aus der Mühle, 1 Msp. Paprikapulver, 4 Eier

1. Den Porree putzen, der Länge nach halbieren, unter fließendem Wasser sorgfältig waschen und in 1 cm breite Streifen schneiden.
2. Die Butter erhitzen, den Porree zufügen und unter ständigem Wenden 2 Minuten dünsten. Mit dem Weißwein ablöschen und nochmals 1–2 Minuten garen. Der Porree sollte noch leicht knackig bleiben. In ofenfeste Portionsförmchen verteilen. Den Backofen auf 170 °C vorheizen.
3. Die Rinderzungenscheiben würfeln und darüber streuen. Den Quark schaumig rühren, mit Salz, Pfeffer und Paprikapulver pikant abschmecken und mit einem Löffel gleichmäßig über den Porree verteilen. Die Eier einzeln in eine Tasse aufschlagen und sorgfältig in die Mitte der Förmchen gleiten lassen.

4. In ein mit heißem Wasser gefülltes Gefäß stellen und im Ofen auf der mittleren Schiene 10 Minuten im Wasserbad garen.
5. Die Förmchen auf Dessertteller stellen und sofort servieren.

Beilage: knuspriges Weißbrot
Getränkeempfehlung: hellroter oder weißer Landwein

Mangoldstielgratin mit grüner Sauce

Für 4 Personen, Zubereitungszeit: 1 Stunde.
Pro Portion: 285 kcal, 7 g E, 25 g F, 9 g K.

1 kg Mangold, 1 EL Zitronensaft, 2 feingehackte Schalotten, 2 ungeschälte Knoblauchzehen, 125 g Sahne, Salz, Pfeffer aus der Mühle, 2 reife Tomaten, 1 EL Butterschmalz, 2 EL frischgeriebener Greyerzer Käse, Butter für die Form

1. Von dem Mangold die Stiele abschneiden und die Blätter beiseite stellen. Die Stiele kleinschneiden und in Zitronenwasser gut waschen.
2. Das Salzwasser aufkochen, die Mangoldstiele dazugeben und 15 Minuten kochen lassen. Im Sud beiseite stellen.
3. $^1/_8$ l Kochsud in eine Pfanne geben. Die Schalotten und die ungeschälten Knoblauchzehen zufügen. Auf die Hälfte einkochen lassen. Den Sud durch ein Sieb passieren, die Sahne zugießen und unter ständigem Rühren nochmals einkochen, bis die Sauce eine dickliche Konsistenz hat. Mit Salz und Pfeffer abschmecken.
4. Einige schöne Mangoldblätter waschen, hacken (ca. 1 Tasse voll) und zur Sauce geben.
5. Eine ofenfeste Form ausbuttern und die Mangoldstiele hineingeben. Die Sauce darüber verteilen. Den Backofen auf 220 °C vorheizen.
6. Die Tomaten kurz mit kochendem Wasser überbrühen, häuten und klein würfeln. Gut auspressen und im Butterschmalz ganz kurz dünsten.

7. Die Tomatenwürfel über die Mangoldstiele verteilen, mit Käse bestreuen, die Form in den Ofen schieben und auf der mittleren Schiene in 10–15 Minuten überbacken.
Beilage: Kartoffelpuffer
Getränkeempfehlung: hellroter Landwein

Zweierlei Spargel mit Eier-Kerbel-Vinaigrette

Für 4 Personen, Zubereitungszeit: 45 Minuten.
Pro Portion: 330 kcal, 15 g E, 30 g F, 8 g K.

800 g weißer Spargel, 800 g grüner Spargel, Salz, 1 Scheibe Weißbrot, 5 cl Traubenkernöl, 1 TL Sherryessig, Saft von 1 Zitrone, 4 hartgekochte Eier, 1 Bund Kerbel, 100 g Kapern, 50 g gut gekühlte Butter

1. Die beiden Spargelsorten schälen und in Salzwasser mit einer Scheibe Weißbrot (das nimmt die Bitterstoffe) in etwa 4–6 Minuten al dente kochen.
2. Die Stangen herausnehmen und gut abgetropft auf eine Platte legen. Das Spargelkochwasser etwas einkochen lassen. Dann 0,2 l abnehmen und mit Traubenkernöl, Sherryessig und Zitronensaft in einer Sauteuse oder einem hochwandigen Topf um ein Drittel einkochen lassen.
3. Die Eier schälen und hacken. Den Kerbel (einige Zweige zur Garnitur aufbewahren) ebenfalls hacken. Eier und Kerbel mit den Kapern unter die reduzierte Sauce geben. Die Butter in kleinen Flöckchen unter Schlagen mit einem Schneebesen einrühren.
4. Die Spargelstangen mit der Sauce begießen und mit einigen Kerbelzweigen garnieren.
Als Vorspeise servieren.

Rhabarber-Gratin mit Pinienkernen

Für 4 Personen, Zubereitungszeit: 30 Minuten.
Pro Portion: 225 kcal, 4 g E, 9 g F, 32 g K.

600 g Rhabarber, 5 El Zucker, 1 EL Vanillezucker, 50 g Pinienkerne, 2 Eiweiß, 2 EL Puderzucker, Fett für die Form

1. Den Rhabarber, falls nötig, von den Blättern befreien und die Haut mit einem Messer abziehen. Die Rhabarberstangen in etwa 8–10 cm lange Stücke schneiden und auf eine Platte legen. Das Obst mit Zucker und Vanillezucker bestreuen und zugedeckt ziehen lassen.
2. Den Backofen auf 200 °C vorheizen.
3. Die Pinienkerne, bis auf einen Eßlöffel, fein mahlen. Die Eiweiße mit dem Puderzucker sehr steif schlagen. Die gemahlenen Pinienkerne untermischen.
4. Die Rhabarberstücke in eine eingefettete Gratinform oder in 4 Portionsförmchen legen. Den Pinienkern-Eischnee gleichmäßig darauf verteilen und mit den restlichen Pinienkernen bestreuen.
Auf der mittleren Schiene des Backofens in 15 Minuten goldgelb überbacken und sofort servieren.

5. Den Kohl herzhaft mit Salz, Pfeffer und Muskat würzen und die saure Sahne untermischen. Weiterkochen lassen, bis die Flüssigkeit verdampft ist. Die Eier schälen, klein hacken und mit dem Kohl vermischen. Die Füllung abkühlen lassen.
6. Den Backofen auf 225 °C vorheizen. Das Backblech kalt abspülen.
7. Den Blätterteig auf einem bemehlten Brett ausrollen und mit einem Glas Kreise von 8 cm Durchmesser ausstechen. In die Mitte der Plätzchen mit einem Löffel etwas Füllung geben und die Teigkreise halbmondförmig zusammenschlagen. Die Ränder mit einer Gabel gut festdrücken.
8. Die Teigtaschen auf das Blech setzen. Mit dem mit etwas Wasser verquirlten Eigelb bestreichen. Das Blech auf die mittlere Schiene des Backofens schieben und die Piroggen in 20 Minuten goldgelb backen.

Russische Kohlpiroggen

Für 8–10 Personen, Zubereitungszeit: 45 Minuten.
Pro Portion bei 8 Personen: 470 kcal, 6 g E, 37 g F, 24 g K.

2 Pakete tiefgekühlter Blätterteig (à 300 g), 1/2 kleiner Kopf Weißkohl, 50 g geräucherter durchwachsener Speck, 2 EL Schmalz, 1/2 TL Kümmel, Salz, schwarzer Pfeffer aus der Mühle, frischgeriebene Muskatnuß, 3 EL saure Sahne, 2 hartgekochte Eier, Mehl zum Ausrollen, 1 Eigelb zum Bestreichen

1. Den Blätterteig 20 Minuten auftauen lassen.
2. Den Kohl von den harten Rippen befreien und in sehr feine Streifen schneiden, den Speck in kleine Würfel.
3. In einer Pfanne das Schmalz erhitzen und die Speckwürfel darin glasig braten. Den Kümmel hinzufügen.
4. Die Kohlstreifen waschen und tropfnaß in die Pfanne mit dem Speck geben. Bei schwacher Hitze unter ständigem Rühren weich dünsten.

Kräuter-Hähnchen im Dampf

Für 4 Personen, Zubereitungszeit: 1 Stunde 20 Minuten.
Pro Portion: 330 kcal, 46 g E, 13 g F, 1 g K.

je 1 Sträußchen Basilikum, Oregano und Rosmarin, 1 Bund glatte Petersilie, 2 Knoblauchzehen (grob gehackt), Salz, weißer Pfeffer aus der Mühle, 1 großes Hähnchen oder 1 Poularde (ca. 1,2 kg), 100 g Staudensellerie, 1 große Zwiebel (grob gehackt)

1. Die Kräuter waschen und trockentupfen. Drei Viertel der Kräuter fein hacken und mit dem durchgepreßten Knoblauch, wenig Salz und Pfeffer mischen.
2. Die Haut des Hähnchens mit den Fingern von Rücken und Bauch lösen, ohne sie zu verletzen. Mit der flachen Hand bis zu den Schenkeln greifen und die Haut dort ebenfalls lösen, soweit dies möglich ist. Die Kräutermischung unter der abgelösten Haut verteilen.
3. Den Staudensellerie putzen, waschen und in feine Scheiben schneiden. Den Sellerie, die Zwiebel und die übrigen Kräuter in die

Bauchhöhle des Hähnchens geben. Die Bauchöffnung mit Küchengarn zunähen oder mit Hölzchen verschließen. Das Hähnchen außen mit Salz und Pfeffer einreiben und auf einen Siebeinsatz legen.

4. Einen gutschließenden Topf bis ca. 2–3 cm unter dem Siebeinsatz mit Wasser füllen. Aufkochen, bis Dampf entsteht. Den Siebeinsatz aufsetzen, den Topf zudecken und das Hähnchen bei mittlerer Hitze im Dampf in ca. 50 Minuten garen (im Schnellkochtopf nur 17 Minuten).

5. Nach Beendigung der Garzeit den Topf vom Herd nehmen und das Hähnchen noch ungefähr 5 Minuten im geschlossenen Topf stehenlassen.

6. Zum Anrichten auf ein Brett legen und am Tisch zerlegen. Man kann dieses Hähnchen warm oder kalt servieren.

Beilage: Gemüseplatte oder Kartoffelgratin
Getränkeempfehlung: leichter, trockener Weißwein von Mosel oder Nahe

Feldsalat mit Räucherlachs

Für 4 Personen, Zubereitungszeit: 15 Minuten.
Pro Portion: 305 kcal, 13 g E, 26 g F, 2 g K.

200 g kleinblättriger Feldsalat, 1 kleiner Chicorée, 200 g frische Champignons oder Steinpilze, 2 Schalotten, 200 g geräucherter Lachs, 50 g Walnußkerne

Vinaigrette:
2 TL Zitronensaft, Salz, weißer Pfeffer aus der Mühle, 1 TL scharfer Senf, 6 EL Öl (möglichst 2 EL Walnußöl und 4 EL neutrales Öl)

1. Die sandigen Wurzelenden des Feldsalates so abschneiden, daß die Salatpflanzen noch zusammenhalten und nicht in einzelne Blätter zerfallen. Nur sehr großblättriger Feldsalat wird auseinandergelöst. Den Salat gründlich in leicht lauwarmem Wasser waschen und auf einem Sieb abtropfen lassen oder vorsichtig trockenschleudern. Den Chicorée in einzelne Blätter teilen und in Stücke schneiden.

2. Die geputzten Pilze in Streifen schneiden, die geschälten Schalotten in kleine Würfel. Die Lachsscheiben in breite Streifen schneiden. Die Nüsse grob hacken.

3. Die Hälfte der Lachsstreifen beiseite stellen. Alle übrigen Salatzutaten in eine Schüssel geben und miteinander vermischen.

4. Für die Vinaigrette den Zitronensaft mit Salz und Pfeffer verrühren, bis das Salz aufgelöst ist. Dann mit einem kleinen Schneebesen zuerst den Senf und dann nach und nach das Öl mit dem Zitronensaft verrühren, so daß eine glatte Sauce entsteht.

5. Die Vinaigrette über die Salatzutaten gießen und gründlich miteinander vermischen. Die restlichen Lachsstreifen als Garnitur über den Salat streuen.

Beilage: knusprige Brötchen, evtl. Käsebrötchen

Fagottini mit Mangold

Für 4 Personen, Zubereitungszeit: 30 Minuten.
Pro Portion: 395 kcal, 24 g E, 30 g F, 8 g K.

4 Mangoldblätter, Salz, 2 feingewürfelte Schalotten, 2 EL Butter, 200 g Geflügelfleisch ohne Haut und Knochen, Pfeffer aus der Mühle, 150 g Sahne, 80 g gekochter Reis, 2 EL gehackte Kräuter (Kerbel, Petersilie), 2 EL Essig, 4 Eier, Butter für die Form, 0,15 l Brühe, 2–3 EL geriebener Parmesan

1. Die Mangoldblätter in kochendem Salzwasser 30 Sekunden blanchieren, mit der Schaumkelle herausheben und in eiskaltem Wasser abschrecken. Sorgfältig auf ein Tuch ausbreiten.
2. Die Schalotten in 1 Eßlöffel Butter andünsten und erkalten lassen.
3. Das Geflügelfleisch in kleine Stücke schneiden, salzen und pfeffern und im Mixer pürieren. Nach und nach die Sahne darunterziehen. Das Fleisch aus dem Mixer nehmen und die Schalotten, den Reis und die Kräuter daruntermischen. Mit Salz und Pfeffer abschmecken.
4. In einem möglichst hohen Topf reichlich Wasser zum Kochen bringen. Den Essig hinzufügen. Die Eier einzeln in eine Tasse aufschlagen und vorsichtig ins Wasser gleiten lassen. Die Hitze reduzieren, das Wasser darf nicht kochen. Die Eier 3–4 Minuten pochieren, mit einer Schaumkelle herausnehmen und sofort in kaltem Salzwasser abschrecken.
5. Jeweils ein Mangoldblatt mit der Geflügelmasse bestreichen und je ein Ei darauflegen. Die Ränder umschlagen, so daß geschlossene Päckchen entstehen. Mit dem Verschluß nach unten nebeneinander in eine mit Butter bestrichene Form legen.
6. Brühe dazugießen. Fagottini mit Parmesan bestreuen und mit der restlichen Butter belegen. Im Backofen bei 180 °C 30 Minuten überbacken.

Beilage: Bratkartoffeln
Getränkeempfehlung: Chianti

Löwenzahnsalat mit Knoblauch-Croûtons

Für 4 Personen, Zubereitungszeit: 15 Minuten.
Pro Portion: 210 kcal, 3 g E, 15 g F, 13 g K.

4 Löwenzahnpflanzen oder 4 Handvoll junge Löwenzahnblätter, 1 Schalotte

Vinaigrette:
2 EL Weinessig, Salz, schwarzer Pfeffer aus der Mühle, 2 EL Olivenöl, 2 EL Maiskeimöl

Croûtons:
2 Scheiben Weißbrot, 2 Knoblauchzehen, 2 EL Öl zum Braten

1. Die Löwenzahnpflanzen am unteren Ende abschneiden und die welken Außenblätter entfernen. Löwenzahnblätter verlesen. Unter fließendem Wasser gründlich waschen, in einem Salatsieb trockenschleudern und in Viertel zerschneiden.
2. Die geschälte Schalotte in kleine Würfel schneiden und mit dem Salat in eine Schüssel geben.
3. Für die Vinaigrette den Essig mit Salz und Pfeffer verrühren, bis sich das Salz aufgelöst

hat. Unter Rühren nach und nach die beiden Ölsorten hinzufügen.
4. Für die Croûtons das Brot entrinden, mit dem Saft der geschälten, durchgeschnittenen Knoblauchzehen einreiben und anschließend in kleine Würfel schneiden. In einer Pfanne das Öl erhitzen und die Brotwürfel darin goldbraun rösten.
5. Die Salatsauce erst am Tisch mit dem Salat vermischen und die heißen Brotwürfel hinzufügen.

Lammkeule mit Rosmarinnadeln

Für 3–4 Personen, Zubereitungszeit: 1 Stunde 15 Minuten.
Pro Portion bei 4 Personen: 790 kcal, 46 g E, 61 g F, 5 g K.

1,2 kg frische Lammkeule, 2–3 EL Rosmarinnadeln, Salz, schwarzer Pfeffer aus der Mühle, 2 EL Butterschmalz, 2 Möhren, 1 Zweig Selleriekraut, 2 Knoblauchzehen, 2 Tomaten, 1 Lorbeerblatt, 1/4 l Weißwein, 50 g Butter

1. Vom Metzger die Fettschicht von der Keule entfernen und den Knochen kürzen lassen, damit die Keule in den Bratentopf paßt. Den abgesägten Knochen mitnehmen!

2. Zu Hause die Keule waschen, trockentupfen und in Abständen von etwa 2–3 cm mit einer Spicknadel einstechen. In jede kleine Öffnung eine Rosmarinnadel stecken, die ganze Keule mit Salz und Pfeffer bestreuen.
3. Butterschmalz in einer Bratkasserolle erhitzen, Keule und Knochen hineinlegen, mit der Butter begießen und im Ofen bei 180 °C anbraten.
4. Möhren putzen und der Länge nach halbieren. Tomaten halbieren und mit dem Selleriekraut, den ungeschälten Knoblauchzehen und dem Lorbeerblatt zur Keule fügen.
5. Das Fleisch mit einer Pergament- oder Alufolie abdecken und 45–50 Minuten braten. Nach und nach den Wein zufügen.
6. Nach Ende der Bratzeit den Ofen ausschalten, öffnen und die Keule noch 8 Minuten ruhen lassen.
7. Den Jus in einen kleinen Topf abgießen. Den Bratensatz mit 3–4 Eßlöffeln Wasser aus der Bratkasserolle lösen, stark aufkochen und zum Jus geben. Die in Flocken geschnittene Butter mit dem Schneebesen darunterziehen. Das Ganze kurz erwärmen, ohne kochen zu lassen, abschmecken und in eine vorgewärmte Saucière füllen.
8. Die Möhren nach Belieben mitservieren. Lorbeerblatt und Knoblauchzehen entfernen.
9. Das Fleisch erst am Tisch tranchieren: Die obere und untere Nuß vom Knochen lösen, quer auf das Tranchierbrett legen und schräg in Scheiben schneiden. Das Fleisch sollte noch rosa sein.
Beilage: Kartoffelgratin (ohne Käse)
Getränkeempfehlung: Bordeaux, z. B. St. Emilion

Schweinefilet mit Kräutersauce

Für 4 Personen, Zubereitungszeit: 30 Minuten.
Pro Portion: 500 kcal, 42 g E, 36 g F, 2 g K.

750 g Schweinefilet, 3 EL Öl, Salz, schwarzer Pfeffer aus der Mühle, frischgeriebene Muskatnuß, 1 Bund gemischte Kräuter, 0,2 l Fleischbrühe (aus Extrakt), 200 g Kräuterfrischkäse, 2 Knoblauchzehen, Zitronensaft

1. Das Schweinefilet waschen, trockentupfen und von Häutchen und Fett befreien. Das Öl in einer großen Pfanne erhitzen und das Fleisch darin rundum kräftig braten. Salzen, pfeffern, mit Muskat würzen und zugedeckt bei mittlerer Hitze 15 Minuten garen.
2. Inzwischen die Kräuter abbrausen, trockentupfen, von den Stengeln zupfen und fein hacken.
3. Das Fleisch herausnehmen und zugedeckt beiseite stellen. Das Bratfett wegkippen. Den Bratensaft mit der Fleischbrühe loskochen.
4. Den Kräuterfrischkäse unterrühren, bis er sich aufgelöst hat. Den Knoblauch schälen und dazupressen. Die Sauce 3 Minuten köcheln. Mit Salz, Pfeffer und Zitronensaft würzen und die Kräuter unterheben.
5. Das Filet mit dem ausgetretenen Fleischsaft wieder zufügen und 3 Minuten ziehen lassen.
6. Das Filet in $^1/_2$ cm dicke Scheiben schneiden und fächerartig auf Tellern anrichten. Mit der Kräutersauce übergießen.

Beilage: Spätzle
Getränkeempfehlung: leichter Weißwein

Lammnüßchen mit Estragon

Für 4 Personen, Zubereitungszeit: 20 Minuten, Marinierzeit: 12 Stunden.
Pro Portion: 555 kcal, 25 g E, 47 g F, 2 g K.

8 Lammnüßchen (à 70 g), Salz, schwarzer Pfeffer, 1 EL Butter, 3 EL Öl, frische Estragonblätter

Sauce:
2 feingehackte Schalotten, $^1/_8$ l Weißwein, 1 EL Weinessig, 2 Stengel Estragon, 60 g Butter

1. Das Fleisch zu runden Steaks drücken und mit einem flachen Messer plattdrücken. Öl und Estragonblätter mischen und das Fleisch 12 Stunden darin marinieren.
2. Die abgetropften Lammnüßchen in eine heiße Pfanne ohne Fettzugabe legen. Wenden, die gebräunte Seite salzen und pfeffern und die Butter hinzufügen. Jede Seite 3 Minuten braten, das Fleisch aus der Pfanne nehmen und warmstellen.
3. In der Bratzeit der Lammnüßchen die Schalotten mit dem Wein, Essig und einem Zweig Estragon 5 Minuten einkochen lassen und passieren.
4. Das Bratfett aus der Pfanne abgießen und den Bratfond mit der Reduktion ablöschen. Durchkochen, gehackte Estragonblätter in die Sauce geben, vom Herd nehmen und die Sauce mit der Butter kräftig verrühren. Über die Lammnüßchen geben. Auf einer sehr heißen Platte anrichten.

Beilage: Annakartoffeln und Kastanienpüree
Getränkeempfehlung: fruchtiger Weißwein

Lammkarree mit grüner Kruste

Für 4 Personen, Zubereitungszeit: 50 Minuten.
Pro Portion: 995 kcal, 37 g E, 88 g F, 6 g K.

2 EL Butterschmalz, 1,2 kg Lammkarree mit Knochen, Salz, Pfeffer aus der Mühle, 2 ganze Knoblauchknollen, 1 Möhre, 1 Tomate, 1/4 l Marsala, 5 EL gehackte Petersilie, 2 EL gemischte Kräuter (Basilikum, Salbei, Thymian, Majoran, Bohnenkraut, evtl. getrocknet), 2 EL Butter

1. Das Butterschmalz in eine Bratkasserolle geben und im Ofen erhitzen. Das gewaschene und trockengetupfte Lammkarree hineinlegen, von allen Seiten goldbraun braten und mit Salz und Pfeffer würzen. Die Knoblauchknollen halbieren und mit der Schnittfläche nach unten hinzufügen. Die Möhre schälen und mit der ungeschälten Tomate bei vollständig zugedeckter Bratkasserolle kurz mitdünsten.
2. Die Kasserolle halb zudecken. Das Fleisch 10 Minuten bei 200°C weiterbraten. Den Marsala nach und nach hinzufügen.
3. Den Ofen abstellen und das Karree noch 5 Minuten darin ruhen lassen.
4. Inzwischen die Knoblauchknollen herausnehmen. Das weiche Knoblauchfleisch mit einem Teelöffel herauskratzen. Mit der Petersilie und den Kräutern mischen und in der Butter in einer Bratpfanne kurz anziehen lassen.
5. Das Karree auf einer vorgewärmten Platte anrichten und mit der Kräutermischung überziehen. Am Tisch in Kotelettstücke schneiden.

Beilage: Lyoner Kartoffeln (gebraten mit Zwiebeln) und Broccoli
Getränkeempfehlung: Côtes-du-Rhône, z. B. Gigondas

Soufflé von Petersilienwurzeln

Für 4 Personen, Zubereitungszeit: 1 Stunde 30 Minuten.
Pro Portion: 225 kcal, 8 g E, 20 g F, 4 g K.

400 große Petersilienwurzeln, Salz, 50 g Butter, 3 Eier (getrennt), 1 Bund gehackte glatte Petersilie, weißer Pfeffer aus der Mühle, frischgeriebene Muskatnuß, Fett für die Förmchen

1. Die Petersilienwurzeln waschen, schälen und in kochendem Salzwasser in etwa 20 Minuten gar kochen.
2. Die gekochten Wurzeln gut abdampfen lassen, erst durch die Kartoffelpresse, dann durch ein feines Sieb streichen.
3. Den Backofen auf 200 °C vorheizen und einen großen, flachen Topf, zwei Finger breit mit Wasser gefüllt, auf den Rost stellen.
4. Zu dem Wurzelpüree unter Rühren die Butter in kleinen Flöckchen, nach und nach die Eigelbe sowie die feingehackte Petersilie hinzufügen. Mit Salz, Pfeffer und Muskat würzen und zum Schluß die steifgeschlagenen Eiweiße unterziehen.
5. Die Soufflémasse in 4 gefettete Soufflé-förmchen, sie dürfen nur 3/4 voll sein, oder in eine große Form füllen und 15–20 Minuten im Wasserbad garen.

Auf die gleiche Weise lassen sich auch Soufflés von anderen Wurzelgemüsen herstellen, z. B. aus Sellerie, Möhren oder Pastinaken.
Beilage zu Lammfleisch oder kräftigen Fleischgerichten oder als warme Vorspeise.

Lammragout mit Mandeln und Minze

Für 4 Personen, Zubereitungszeit: 30 Minuten.
Pro Portion: 840 kcal, 39 g E, 73 g F, 7 g K.

750 g Lammfleisch aus der Keule oder dem Rücken, 3 EL Butterschmalz, 1 große Zwiebel (fein gehackt), Saft und Schale von 1 unbehandelten Zitrone, 150 g feingemahlene Mandeln, 200 g Sahne, 0,25 l Lammfond (aus dem Glas), Salz, weißer Pfeffer aus der Mühle, 1 Prise Kreuzkümmel, 1 TL Ingwerwurzel (fein gehackt), 1 Bund frische Minze

1. Das Fleisch waschen, trockentupfen und erst in Scheiben, dann in schmale Streifen schneiden. Das Butterschmalz in einem breiten Topf erhitzen und die Fleischstreifen darin portionsweise anbraten. Herausnehmen und zugedeckt beiseite stellen.
2. Die Zwiebelwürfel im verbliebenen Bratfett glasig dünsten. Zitronensaft und -schale zufügen und kurz aufkochen. Die gemahlenen Mandeln unterrühren und kurz mitdünsten. Mit der Sahne und dem Lammfond aufgießen. Aufkochen.
3. Die Fleischstreifen wieder zufügen und alles mit Salz, Pfeffer, Kümmel und Ingwer würzen. Bei schwacher Hitze 15 Minuten köcheln lassen.
4. Inzwischen die Minze abbrausen, trockentupfen, die Blättchen abzupfen und unter das Lammragout mischen.

Beilage: Curryreis mit Rosinen und Blattsalat
Getränkeempfehlung: kräftiger Rotwein

Mangoldstrudel, gefüllt mit Gemüse und Grünkern

Für 4 Personen, Zubereitungszeit: 1 Stunde 10 Minuten.
Pro Portion: 420 kcal, 21 g E, 20 g F, 39 g K.

200 g Grünkern, 400 g gemischtes Gemüse nach Wahl (z. B. Porree, Möhren, Zucchini, Kohlrabi usw.), 10 große Mangoldblätter, Salz, 2 Schalotten, 2 EL Butter oder Margarine, weißer Pfeffer aus der Mühle, frischgeriebene Muskatnuß, 200 g Quark, 4 Eier

1. Die Grünkernkörner mit Wasser bedeckt im Schnellkochtopf 15 Minuten kochen, dann abgießen und abtropfen lassen.
2. Das Gemüse putzen, waschen und in feine Streifen schneiden. Die Mangoldstiele von den Blättern trennen, die Stiele ebenfalls feinstreifig schneiden und zum übrigen Gemüse geben.
3. Reichlich Salzwasser zum Kochen bringen und erst das gemischte Gemüse darin etwa 2 Minuten, dann die Mangoldblätter 1/2 Minute blanchieren. Die Blätter abtropfen lassen, dann auf einem großen Stück gefetteter Alufolie nebeneinander leicht überlappend ausbreiten.
4. Die geschälten Schalotten in kleine Würfel schneiden und in dem erhitzten Fett anschwitzen. Das gut abgetropfte Gemüse dazugeben, mit andünsten und mit Salz, Pfeffer und Muskat würzen.
5. Den Quark in einer Schüssel mit den Eiern verrühren, die Grünkernkörner sowie das Gemüse hinzufügen, gründlich vermischen und würzig abschmecken.
6. Die Masse auf den ausgebreiteten Mangoldblättern verteilen und die Blätter zu einem

Strudel aufrollen. Fest mit der Alufolie umhüllen und im leicht siedelnden Salzwasser 15 Minuten gar ziehen lassen.
Beilage: Sherry- oder Portweinsauce

Sauerampfersuppe mit Wachtelei

Für 4 Personen, Zubereitungszeit: 25 Minuten.
Pro Portion: 125 kcal, 4 g E, 11 g F, 3 g K.

2 EL Butter, 2 Schalotten (fein gehackt), 250 g Sauerampfer, 3/4 l Hühnerbrühe (aus Extrakt), Salz, weißer Pfeffer aus der Mühle, 4 EL Crème fraîche, 1 TL Worcestersauce, 4 Wachteleier

1. Die Hälfte der Butter in einem Topf erhitzen und die Schalottenwürfel darin glasig dünsten.
2. Den Sauerampfer von den Stielen befreien, waschen, abtropfen lassen und 8 kleine Blättchen beiseite legen. Die restlichen kurz in Salzwasser blanchieren, eiskalt abschrecken und gut ausdrücken. Grob hacken und zu den Schalotten geben.
3. Mit der Hühnerbrühe aufgießen, salzen, pfeffern und 10 Minuten köcheln lassen. Anschließend im Mixer oder mit einem Stabmixer pürieren, die Crème fraîche unterrühren, aufkochen und dann mit Worcestersauce abschmecken.
4. Die restliche Butter in einer beschichteten Pfanne erhitzen, die Wachteleier aufschlagen und darin braten.
5. Die Suppe auf Teller verteilen, je 2 Sauerampferblättchen und ein Spiegelei in die Mitte geben.

Kopfsalatschaum-Suppe

Für 4 Personen, Zubereitungszeit: 25 Minuten.
Pro Portion: 115 kcal, 2 g E, 9 g F, 3 g K.

2 EL Butter, 1 mittelgroße Zwiebel (fein gehackt), 1 kleiner Kopfsalat (ca. 200 g geputzt gewogen), Salz, 1/8 l trockener Weißwein, 1/2 l Gemüsebrühe (aus Extrakt), 4 EL Crème fraîche, weißer Pfeffer aus der Mühle, frischgeriebene Muskatnuß, Zitronensaft, Worcestersauce

1. Die Butter in einem Topf schmelzen lassen. Die Zwiebelwürfel zufügen und bei schwacher Hitze glasig dünsten.
2. Inzwischen den Kopfsalat putzen und waschen. Einige Herzblättchen beiseite legen, die restlichen Blätter in kochendem Salzwasser ganz kurz blanchieren, eiskalt abschrecken und sehr gut abtropfen lassen. Ausdrücken, grob hacken und zu den Zwiebelwürfeln in den Topf geben.
3. Den Weißwein auf den angedünsteten Kopfsalat träufeln, umrühren und mit der Gemüsebrühe aufgießen. Zugedeckt 10 Minuten köcheln lassen.
4. Anschließend im Mixer oder mit einem Stabmixer fein pürieren, die Crème fraîche unterrühren und aufkochen.
5. Die Suppe mit Salz, Pfeffer, Muskat, Zitronensaft und Worcestersauce abschmecken.
6. Die zurückbehaltenen Salatblättchen in feine Streifen schneiden oder, wenn sie sehr klein sind, ganz lassen.
7. Die Kopfsalatsuppe mit den Salatblättchen oder -streifen bestreuen.

Wirsingeintopf mit Lammfleisch

Für 4 Personen, Zubereitungszeit: 1 Stunde 20 Minuten.
Pro Portion: 435 kcal, 27 g E, 24 g F, 28 g K.

1 kg junger Wirsing, 6 mittelgroße Kartoffeln, 1 EL Öl, 1 EL Butter, 500 g Lammfleisch (Nacken), je 1 Msp. grobgemahlener Kümmel und Koriander, Salz, schwarzer Pfeffer aus der Mühle, 1/2 l Fleischbrühe (aus Extrakt), 2 EL Crème fraîche

1. Den Wirsingkohl vierteln, den Strunk herausschneiden, waschen und in Streifen schneiden. Die Kartoffeln schälen, waschen und halbieren.
2. Öl und Butter in einem Schmortopf erhitzen und das Lammfleisch darin von allen Seiten anbraten. Mit den Gewürzen und Salz und Pfeffer abschmecken.
3. Die Wirsingstreifen und Kartoffeln zum Fleisch geben, mit Fleischbrühe aufgießen, zugedeckt 1 Stunde köcheln lassen.
4. Das Fleisch herausnehmen und warmhalten. Die Crème fraîche an das Gemüse geben und kurz einkochen. Das Fleisch in Scheiben schneiden und auf dem Wirsinggemüse servieren.

Getränkeempfehlung: Bier oder leichter Landwein

Eiersuppe mit Spinat

Für 4 Personen, Zubereitungszeit: 45 Minuten.
Pro Portion: 175 kcal, 11 g E, 14 g F, 2 g K.

1 gehackte Zwiebel, 2 EL Butter, 300 g Spinat, 1 l Fleischbrühe, 1 Prise Pfeffer, 1 Knoblauchzehe, 2 frische Salbeiblätter, 2 EL Sahne, 2 EL frischgeriebener Parmesan, 3/4 l Wasser, 2 EL Essig, 1/2 TL Salz, 4 Eier

1. Die Zwiebelwürfel 3 Minuten in der Butter glasig dünsten.
2. Den Spinat putzen und mit der Fleischbrühe in einen Topf geben. Das Ganze zugedeckt bei milder Hitze unter gelegentlichem Umrühren etwa 10 Minuten erhitzen.
3. Die Spinatsuppe mit Pfeffer und durchgepreßtem Knoblauch würzen. Dann die Salbeiblätter, die Sahne und den Käse zugeben.
4. Das Wasser mit dem Essig aufkochen. Die Eier einzeln nacheinander in eine Suppenkelle oder Tasse schlagen, langsam ins kochende Wasser gleiten lassen und bei milder Hitze 3–4 Minuten kochen lassen (pochieren).
5. Dann die Eier einzeln mit einem Schaumlöffel aus dem Wasser heben, gut abtropfen lassen und auf ein Küchentuch legen. Mit einem Messer das erstarrte Eiweiß um das Eigelb herum ein wenig zurechtschneiden.
6. Die Spinatsuppe in 4 Suppentassen füllen und jeweils 1 pochiertes Ei hineinlegen.

Beilage: frisches Brot
Getränkeempfehlung: Chianti Classico

Spinatröllchen

Für 4 Personen, Zubereitungszeit: 50 Minuten.
Pro Portion: 290 kcal, 14 g E, 22 g F, 8 g K.

16 große Spinatblätter, 1 Brötchen vom Vortag, 1 Zwiebel, 3 Stengel Petersilie, 3 EL Butter, 250 g Bratwurstfülle, 1 Ei, frischgeriebene Muskatnuß, 1/8 l Fleischbrühe (aus Extrakt)

1. Die Spinatblätter nacheinander in kochendem Wasser einige Sekunden blanchieren, mit einem Schaumlöffel herausnehmen und auf einem Brett ausbreiten. Das Brötchen in

Wasser einweichen. Die geschälte Zwiebel und die Petersilie fein hacken und in 1 Eßlöffel Butter andünsten.
2. Die Bratwurstfülle mit dem gut ausgedrückten Brötchen vermischen, das Ei und die Zwiebelwürfel hinzufügen. Die Zutaten gut miteinander verkneten und mit etwas Muskat abschmecken. Jeweils 2 Spinatblätter übereinanderlegen und je 1 Eßlöffel Fülle darauf geben. Die Blätter mit der Füllung so aufrollen, daß das Blattende unten liegt.
3. Die restliche Butter erhitzen und die Röllchen darin rundherum anbraten. Mit der Fleischbrühe aufgießen und zugedeckt in etwa 20–30 Minuten bei leichter Hitze garen lassen. Man kann die Sauce mit 2 Eßlöffeln Crème fraîche abrunden.

Spinatröllchen kann man auch als Vorspeise mit knusprigem Weißbrot reichen. Anstelle von Spinat eignet sich auch zarter Mangold.
Beilage: Kartoffelpüree
Getränkeempfehlung: junger, herzhafter Trollinger

Basilikumessenz mit Pistazien-Klößchen

Für 4 Personen, Zubereitungszeit: 50 Minuten.
Pro Portion: 295 kcal, 7 g E, 23 g F, 11 g K.

1 großer Bund Basilikum, 1,5 l kräftige Rinderbrühe (selbstgemacht), 0,1 l weißer Portwein

Klößchen:
Salz, 125 g Sahne, 30 g Butter, 40 g Grieß, 30 g gemahlene Pistazien, 1 Ei

1. Die Basilikumblätter von den Stielen trennen, die Stiele grob hacken und mit der Hälfte der Blätter in die mit Portwein vermischte Brühe geben. 30 Minuten köcheln lassen.
2. Währenddessen für die Klößchen reichlich Salzwasser in einem großen, flachen Topf zum Kochen bringen. Sahne mit Butter und Salz in einer Kasserolle erhitzen, den Grieß unter Rühren einrieseln und einmal aufkochen lassen. Vom Herd nehmen, die Pistazien und das Ei untermischen. Aus der Masse kleine Klößchen formen und im siedenden Salzwasser in 2–3 Minuten gar ziehen lassen.
3. Die Basilikumessenz durch ein Sieb geben, die Brühe wieder erhitzen. Die Klößchen auf vorgewärmte Suppentassen oder Suppenteller verteilen, dann mit der Essenz übergießen und mit den zurückbehaltenen Basilikumblättern garnieren.

Abnehmen und sich wohlfühlen mit Farben

*Farben können Medizin für die angeschlagene Psyche sein!
Man weiß: Rot regt an, Blau entspannt, Grün macht stark,
Gelb optimistisch. Viele Psychologen unterstützen ihre Therapien bereits
mit Farben. Doch neu ist das »Farb-Essen«, wie ich es nenne.
Dabei wird die Kraft der Farben Rot, Grün, Blau und Gelb
einfach mit der Nahrung aufgenommen.
An ganz bestimmten Tagen!*

Ernährungswissenschaftler schmunzeln vielleicht über meine »Erkenntnisse«, die ich innerhalb meiner Familie, meines Freundes- und Bekanntenkreises immer wieder aufs neue bestätigt bekomme: Ich habe festgestellt, daß wir an den Mond-Tagen nicht nur auf die entsprechenden Pflanzen, sondern auch auf die bestimmte Farbe besonders gut reagieren.

- Dem Mond in den Feuerzeichen Widder, Löwe und Schütze entspricht die Farbe Rot.

- Dem Mond in den Erdzeichen Stier, Jungfrau und Steinbock entspricht die Farbe Grün.

- Dem Mond in den Luftzeichen Zwillinge, Waage und Wassermann entspricht die Farbe Gelb.

- Dem Mond in den Wasserzeichen Krebs, Skorpion und Fische entspricht die Farbe Blau.

Die wenigsten Menschen sind das, was der Psychologe und Begründer der Farb-Psychologie Prof. Dr. Max Lüscher einen ausgeglichenen »Vier-Farben-Menschen« nennt. Dem einen fehlt's an Optimismus (= Luft/Gelb), dem anderen an Tatkraft (= Feuer/Rot), dem nächsten am nötigen Einfühlungsvermögen (= Wasser/Blau) – und schließlich mangelt's einigen an Bodenständigkeit (= Erde/Grün).

Der folgende Test verrät Ihnen, welche Farbe(n) Sie (momentan!) brauchen, um sich glücklicher und gesünder zu fühlen – und um erfolgreicher zu sein. Essen Sie dann vor allem Nahrungsmittel in den Farben, die Ihnen fehlen. Am besten natürlich an den Tagen, an denen der Mond der »Mangelfarbe« entspricht. Zum Beispiel roten Paprika (Frucht) an Widder-, Schütze- oder Löwe-Tagen.

Im Anschluß an die Auflösung habe ich für Sie eine ganz persönliche Farb-Diät zusammengestellt, mit der Sie sich einen Tag lang nicht nur fit und fröhlich schlemmen, sondern auch noch ein bis zwei Pfund abnehmen können. Diese »Farb-Kur« läßt sich nach Bedarf einlegen. So, wie Sie den Test immer wiederholen können.

Test: Welcher Farbtyp sind Sie?

Lesen Sie sich die Fragen durch, und beantworten Sie sie dann spontan. Wenn nicht anders angegeben, kreuzen Sie pro Frage nur eine Antwort an. Die Auflösung finden Sie auf Seite 96.

1) Fühlen Sie sich momentan eher
a) angespannt/nervös?
b) gelöst/heiter?
c) niedergeschlagen/traurig?
d) unausgeglichen/gestreßt?

2) Wenn Sie wählen könnten, welche Farbe gäben Sie dann dem fehlenden Puzzle-Teil?

a) Rot
b) Blau
c) Grün
d) Gelb

3) Wenn Sie einen Gemüsekorb füllen müßten, welches Gemüse würden Sie bevorzugen? (Bitte zwei Sorten auswählen.)
a) Tomate
b) Lauch
c) Aubergine
d) Blumenkohl

4) Stellen Sie sich eine offene Tür vor. Sie schauen hinaus und sehen einen Nachthimmel voller Sterne. Direkt vor der Tür erblicken Sie einen vorbeiziehenden Planeten. Ein zarter Lichtstrahl fällt schräg zur Tür herein und taucht die Szene in ein milchiges Licht. Welches Gefühl haben Sie bei der Vorstellung dieses Bildes? Ein Gefühl
a) der Weite?
b) der Angst?
c) des Abschieds?
d) der Neugierde?

5) Was interessiert Sie am meisten an dem vorgestellten »Bild« (Frage Nr. 4)?
a) Die offene Tür
b) Der einfallende Lichtstrahl
c) Der vorbeiziehende Planet
d) Die gefühlvolle Stimmung

6) Welches Zitat gefällt Ihnen in Ihrer momentanen Stimmung am besten?
a) Ein Tropfen Hilfe ist besser als ein Ozean voller Sympathie.
b) Wo ein Wille ist, ist auch ein Weg.
c) Man muß jedes Hindernis mit Beharrlichkeit und einer sanften Stimme angehen.
d) Nur für Dumme ist das Leben langweilig.

7) Welche der gezeigten geometrischen Formen gefällt Ihnen am besten?

a) b) c) d)

8) Wenn Sie jetzt eine Reise unternehmen könnten, welche Urlaubsart würden Sie wählen?
a) Eine Städtetour
c) Eine Schlemmerreise
d) Einen Badeurlaub
c) Einen Aktivurlaub

9) In einem Obstkorb liegen Äpfel, Bananen, Erdbeeren, Trauben und eine Ananas. Welches Obst würden Sie noch dazulegen?
a) Orangen
b) Kiwis
c) Pflaumen
d) Kirschen

10) Angenommen, Sie haben heute abend Zeit. Welche Einladung würden Sie am ehesten annehmen?
a) Eine Einladung zu einem Kerzenschein-Dinner
b) Eine Einladung zum Tanzen
c) Eine Einladung ins Theater
d) Eine Einladung zu einer Sportveranstaltung

Testauflösung

Kreuzen Sie nun bitte die Felder an, die Ihren Antworten entsprechen. Zählen Sie dann zusammen, wie oft Sie die verschiedenen Farben gewählt haben.

	1	2	3	4	5	6	7	8	9	10
a	rot	rot	rot	gelb	rot	blau	rot	gelb	gelb	blau
b	gelb	blau	grün	blau	gelb	rot	gelb	grün	grün	blau
c	grün	grün	blau	grün	grün	grün	blau	blau	blau	gelb
d	blau	gelb	gelb	rot	blau	gelb	grün	rot	rot	rot

Rot...... Grün...... Blau...... Gelb......

Wenn Sie eine Farbe, zum Beispiel Rot, häufiger als die anderen angekreuzt haben, sind Sie ein »reiner Rot-Typ«. Wenn Sie zwei oder drei Farben gleich oft (zwei-, drei- oder viermal) gewählt haben, sind Sie ein Mischtyp. Lesen Sie nun, welcher Grundstimmung Ihre Farbwahl oder Ihre Farb-Kombination entspricht. Und welche Farbe Ihnen zum Ausgeglichensein fehlt. Oder welche Farben. Übrigens: Unterstützen können Sie die Wirkung des Farb-Essens, indem Sie sich mit Dingen (Kleidung, Blumen, Accessoires für die Wohnung, farbige Glühbirnen etc.) in den »Mangelfarben« umgeben.

Der Rot-Typ:
Rot ist die Farbe des Tatendrangs, des Selbstbewußtseins und der Stärke. Allerdings spricht die Wahl der Farbe Rot auch dafür, daß Sie etwas gereizt und rastlos sind. Arbeiten Sie auf ein hohes Ziel hin? Können Sie nicht richtig abschalten? Sind Sie sehr ehrgeizig? Dann benötigen Sie zum Kräftesammeln besonders die Farben Grün (Stabilität) und Blau (Entspannung).

Der Blau-Typ:
Ihr Testergebnis deutet darauf hin, daß Ihnen Gefühle wichtiger sind als der Verstand. Sie befinden sich in einer Phase der inneren Ruhe und Entspannung. Die Gefahr besteht nun darin, daß Sie Ihre Seele zu sehr baumeln lassen, daß Sie sich öfter matt und antriebslos fühlen. Das können Sie ändern, indem Sie sich vor allem die Farben Rot (Antrieb) und Grün (Ausdauer) gönnen.

Der Grün-Typ:
Sie wirken eher verschlossen und zurückhaltend auf Ihre Mitmenschen. Vermutlich schätzt man Sie als ruhigen, disziplinierten Kollegen? Um etwas fröhlicher und gelöster zu sein, sollten Sie sich in der nächsten Zeit die Farben Gelb (Heiterkeit) und Rot (Tatendrang) zu Ihren Verbündeten machen.

Der Gelb-Typ:
Sicherlich fühlen Sie sich so, als ob Sie die Welt aus den Angeln heben könnten... Sie sind heiter und locker. Sie haben aber auch etwas von einem Schmetterling, der von hier nach dort flattert – und sich nicht entscheiden kann, wo's langgehen soll. Um beharrlicher und entspannter zu werden, sollten Sie etwas mehr Wert auf die Farben Grün (Ausdauer) und Blau (innere Ruhe) legen.

Der Rot-Blau-Typ:
Anspannung und Mattigkeit scheinen sich bei Ihnen abzuwechseln. Mal wollen Sie die ganze Welt umkrempeln, mal würden Sie sich am liebsten wie ein Einsiedler zurückziehen. Die Farben Grün (Beharrlichkeit) und Gelb (Gelöstheit) können Ihnen helfen, Ihre Ziele ausdauernder und ausgeglichener zu verfolgen.

Der Rot-Grün-Typ:
Die beste Mischung, um Karriere zu machen: Sie sind voller Tatendrang und besitzen zugleich auch die nötige Disziplin und Ausdauer. Allerdings mangelt es Ihnen etwas an den Prinzipien der Farben Gelb und Blau: heitere Gelöstheit und die Fähigkeit zur Entspannung. Dekorieren Sie Ihren Arbeitsplatz und Ihre Wohnung deshalb mit Accessoires in diesen Farben. Essen Sie gelbe und blaue Früchte!

Der Rot-Gelb-Typ:
Sie sind voller Tatendrang und blicken optimistisch in die Zukunft. Außerdem stecken Sie voller Ideen und Pläne. Um diese auszuführen, fehlt es Ihnen aber manchmal an der nötigen Ausdauer. Zudem kann es sein, daß Sie Ihre Kräfte überschätzen. Umgeben Sie sich deshalb mit Dingen in den Farben Grün (Disziplin) und Blau (Entspannung).

Der Blau-Grün-Typ:
Sie sind ehrgeizig, fleißig, diszipliniert und verhalten in Ihrer Meinungsäußerung. Sicherlich schätzt man Sie als ruhigen und zuverlässigen Kollegen. Allerdings mangelt es Ihnen manchmal am nötigen Antrieb (Rot) und an Optimismus (Gelb).

Der Blau-Gelb-Typ:
Offensichtlich sind Sie der »Himmelhoch-jauchzend-zu-Tode-betrübt«-Typ: Mal schweben Sie in den Wolken, mal ziehen Sie sich wie ein Einsiedler zurück. Sie haben eine rege Phantasie – aber an der Durchführung der Pläne scheitern Sie öfter, weil Ihnen die nötige Ausdauer (Grün) und die Durchsetzungskraft (Rot) fehlen.

Der Grün-Gelb-Typ:
Zwei Seelen wohnen, ach, in Ihrer Brust: die ruhig-besonnene und die überschäumend-fröhliche. Eine gute Mischung, die Sie sicher-

lich zu einem geschätzten Freund und Kollegen macht. Sie haben die Fähigkeit, abstrakt und kreativ zu denken, gehen aber wahrscheinlich zu verhalten an die Durchführung Ihrer Pläne. Die Farbe Rot (Antrieb) könnte Ihnen helfen, etwas forscher ans Werk zu gehen. Blau (Entspannung) wirkt lockernd auf Ihren Ehrgeiz.

Der Rot-Blau-Gelb-Typ:
Sie stecken voller Tatendrang, sprühen vor Ideen und haben obendrein auch noch das Talent, sich zu entspannen, wenn Sie gestreßt sind. So fehlt Ihnen zur absoluten Ausgeglichenheit nur die Farbe Grün, die Ihnen etwas mehr Disziplin und Besonnenheit verleiht.

Der Rot-Grün-Blau-Typ:
Sie sind ehrgeizig, haben Ihre Ziele fest im Auge. Wenn Sie einmal einen Entschluß gefaßt haben, setzen Sie ihn auch in die Tat um. Obendrein besitzen Sie das Talent, sich nach Streßphasen mühelos entspannen zu können und so neue Kräfte zu sammeln. Das einzige, woran es Ihnen mangelt, ist vermutlich die Heiterkeit der Farbe Gelb.

Der Grün-Gelb-Blau-Typ:
Sie wirken auf Ihre Mitmenschen besonnen, nachdenklich, man mag Ihren feinen Humor, auch Ihren Optimismus. Kurz: Sie sind ein recht ausgeglichener Mensch. Allerdings spricht der Mangel an der Farbe Rot dafür, daß es Ihnen etwas am Mut zum Risiko fehlt. So könnte es sein, daß Ihr Leben zwar stetig und ruhig dahinfließt, aber auf andere (und manchmal auch auf Sie selbst) etwas langweilig wirkt.

Der Grün-Gelb-Rot-Typ:
Sie sind ausdauernd, tatendurstig und von einer eher heiteren Grundstimmung geprägt. Alles, was Ihnen zur perfekten Ausgeglichenheit fehlt, ist die Farbe Blau. Sie hilft Ihnen, sich zu entspannen, sie beruhigt Sie nach einem aufregenden Arbeitstag oder nach Streßphasen.

Ihre persönliche Ein-Tages-Diät

Die Mengenangaben beziehen sich jeweils auf 1 Person.

Für den Rot-Typ:
FRÜHSTÜCK: GETREIDE-FRÜCHTE-MÜSLI
2 EL Weizenkörner über Nacht einweichen, morgens mit 1/2 gewürfeltem Apfel, 60 g aufgetauten Brombeeren, 1 in Scheiben geschnittenen Kiwi und 100 g Magermilchjoghurt mischen, mit 1 TL gehobelten Nüssen bestreuen.

MITTAGESSEN: GEMÜSEPFANNE
1 kleine Aubergine, 1 kleine Zwiebel, 1 grüne und 1 gelbe Paprikaschote, 2 Tomaten würfeln, 5 schwarze Oliven entsteinen. Dünsten Sie die Zwiebel in 2 EL Sojaöl glasig, geben Sie das Gemüse hinzu. Salzen, pfeffern und nach Belieben mit Kräutern abschmecken. Sehr gut dazu schmeckt Basilikum!

ABENDESSEN: RÜHREI MIT GORGONZOLA
Verquirlen Sie 2 kleine Eier mit 2 EL Mineralwasser, frische gehackte Kräuter untermischen. In einer Pfanne langsam stocken lassen. 40 g Gorgonzola zerkrümeln und darauf verteilen.

Für den Blau-Typ:

FRÜHSTÜCK: RADIESCHENBROT UND EI IM GLAS
1 Ei wachsweich kochen, pellen, in ein Glas geben und mit einer Gabel zerdrücken. Mit frischen Kräutern würzen. 1 Scheibe Knäckebrot dünn mit Butter bestreichen und mit 3 bis 4 in Scheiben geschnittenen Radieschen belegen.

MITTAGESSEN: ROSENKOHL-TOMATEN-GRATIN
150 g Rosenkohl in Salzwasser garen. 2 Tomaten mit kochendem Wasser überbrühen und häuten. Die Gemüse mischen, in eine feuerfeste Form füllen, leicht salzen, pfeffern. Mischen Sie dann 3 EL süße Sahne mit 25 g geriebenem Emmentaler Käse, mit Muskat würzen und über das Gemüse verteilen. Im vorgeheizten Backofen oder Grill überbacken, bis der Käse zart gebräunt ist.

ABENDESSEN: RINDER-CARPACCIO
100 g Rinderfilet vom Fleischer hauchdünn aufschneiden lassen. Einen Teller mit 1 TL Olivenöl bestreichen, Filet darauflegen, salzen und pfeffern. 25 g Parmesan darüberstreuen, mit glatter Petersilie belegen. Dazu gibt's 2 Scheiben Baguette oder 2 Scheiben Knäckebrot.

Für den Grün-Typ:

FRÜHSTÜCK: VOLLKORNBROT UND OBSTSALAT
Schälen Sie 1 Orange, und häuten Sie die Filets. In eine Schale geben und mit 1 gewürfelten Pfirsich und 100 g Himbeeren mischen. Mit 1 TL Nutrasweet-Süßstoff süßen. Dazu gibt's 1 Scheibe Vollkornbrot, bestrichen mit Halbfettmargarine.

MITTAGESSEN: MAIS-TOMATEN-GRATIN
100 g Tomaten überbrühen und häuten, vierteln. Mit 40 g gewürfelter Rinderzunge und 85 g Mais (aus der Dose) in eine feuerfeste Form geben. 3 EL süße Sahne mit 25 g geriebenem Käse mischen und darüber verteilen. Im Ofen überbacken, bis der Käse gebräunt ist.

ABENDESSEN: SELLERIESALAT MIT ANANAS
25 g Feldsalat putzen, waschen, abtropfen lassen. 100 g in Streifen geschnittenen Knollensellerie mit 1 EL Zitronensaft beträufeln. 1 Stange Bleichsellerie und 1/2 rote Paprikaschote kleinschneiden und dazugeben. Verteilen Sie über Salat und Gemüse 2 kleingeschnittene Ananasringe (frisch oder aus der Dose). Das Dressing bereiten Sie aus 1 EL kalorienreduzierter Mayonnaise, 1 EL Crème fraîche, einigen Tropfen Worcestersauce, Salz und Pfeffer.

Für den Gelb-Typ:

FRÜHSTÜCK: OBSTSALAT MIT GETREIDEFLOCKEN
1 EL Hirse-, 1 EL Weizen- und 1 EL Haferflocken in einer Pfanne goldgelb rösten. Dann 1 TL Honig darüberträufeln, etwas Magermilch unterrühren, die Masse abkühlen lassen. 200 g Beerengemisch (tiefgekühlt) und 1 in Scheiben geschnittene Kiwi dazugeben, auf einem Teller anrichten, mit 1 TL gemahlenen Nüssen bestreuen.

MITTAGESSEN: AUBERGINE MIT KRÄUTERQUARK
1 mittelgroße Aubergine waschen, in Scheiben schneiden, salzen und einige Minuten Saft ziehen lassen. Dann kalt abspülen, mit Küchenkrepp trockentupfen und auf dem

Grillrost verteilen. Mit Olivenöl einpinseln und goldbraun grillen, auf einem Teller anrichten. Darüber geben Sie 100 g Magerquark, der mit 1 kleingewürfelten Salatgurke, 1 zerdrückten Knoblauchzehe, etwas Dill und Salz gemischt ist.

Abendessen: Grüne Nudeln mit Kräutersauce
1 kleine Zwiebel und 100 g Champignons kleinschneiden, in etwas Kräuterbutter dünsten. Nebenher 70 g grüne Bandnudeln in Salzwasser etwa 12 Minuten garen. 1/2 Bund gemischte Kräuter waschen, trockentupfen und kleinhacken, mit 2 EL saurer Sahne zu den Pilzen geben, gut verrühren. Die Nudeln abgießen, die Sauce darübergeben und alles vermischen.

Für den Rot-Blau-Typ:

Frühstück: Früchtemüsli
2 EL Weizenkörner über Nacht einweichen. Am Morgen 2 Dörr-Aprikosen würfeln, 1 kleinen Apfel in schmale Schnitze schneiden. 50 g aufgetaute Brombeeren und 1 in Scheiben geschnittene Kiwi vermischen. 100 g Magermilchjoghurt mit 2 EL Mineralwasser verquirlen, mit den abgetropften Körnern mischen. Obst und 1 TL gehackte Nüsse darüber verteilen.

Mittagessen: Blattspinat mit porchiertem Ei
300 g frischen Spinat in reichlich Salzwasser aufkochen und dann 30 Sekunden garziehen lassen. Abgießen und etwas ausdrücken. 2 kleine Zwiebeln und 1 Knoblauchzehe kleinhacken, in Butter glasig dünsten. Spinat zufügen, salzen, 10 Minuten dünsten. 1 großes Ei 4–5 Minuten pochieren, mit dem Schaumlöffel aus dem Wasser nehmen und auf den angerichteten, mit Muskat abgeschmeckten Spinat setzen, pfeffern.

Abendessen: Kartoffelsalat mit Rapunzel
Aus 150 g gekochten, gewürfelten Kartoffeln, 1 Schalotte, 1/8 l heißer Gemüsebrühe, 1 EL Kräuteressig, etwas scharfem Senf, 2 TL Sonnenblumenöl, 1 zerdrückten Eigelb, Salz und Pfeffer einen Salat zubereiten. 1 Handvoll Feldsalat waschen und putzen und einen Teller damit auslegen. Den Kartoffelsalat darauf anrichten.

Für den Rot-Grün-Typ:

Frühstück: Früchtejoghurt
1 EL beliebiges Getreideschrot, 2 entsteinte Trockenpflaumen und 2 Dörr-Aprikosen über Nacht in Wasser quellen lassen. 1/2 Birne, 1/2 Apfel, 1/2 Orange würfeln. 100 g Magermilchjoghurt schaumig schlagen und mit dem Schrot, dem Dörrobst und dem Frischobst vermischen. Dazu schmecken gehackte Haselnüsse besonders gut.

Mittagessen: Gemüsepfanne
Grundrezept wie beim Rot-Typ. Ersetzen Sie jedoch die grüne Paprikaschote durch eine weitere gelbe.

Abendessen: Sauerkrautsalat mit Trauben
250 g frisches Sauerkraut mit zwei Gabeln zerpflücken, mit 200 g halbierten, entkernten blauen Trauben und 50 g in feine Streifen geschnittenem Kochschinken vermischen. Aus 1 EL Distelöl und 4 EL naturtrübem Apfelsaft eine Sauce rühren, salzen und pfeffern. Die Salatzutaten unter die Sauce heben, das Ganze mit 1 TL Kräutern nach Wahl bestreuen

Für den Rot-Gelb-Typ:

Frühstück: Obstsalat mit Getreideflocken
Grundrezept wie beim Gelb-Typ. Ersetzen Si jedoch das Beerengemisch durch 100 g (frisch

oder tiefgekühlte) Heidelbeeren und 100 g (frische oder tiefgekühlte) Brombeeren.

MITTAGESSEN: GEGRILLTE ZUCCHINI MIT QUARK
2 mittelgroße Zucchini waschen, halbieren und auf den Grillrost legen, mit Olivenöl beträufeln und von beiden Seiten goldgelb grillen. Währenddessen 1 kleine Salatgurke würfeln, 1 Knoblauchzehe kleinhacken. 150 g Speisequark mit 2 EL Mineralwasser glattrühren, mit 1/2 Bund kleingehacktem Dill vermengen, salzen. Gurke und Knoblauch zugeben. Am besten schmeckt das Gericht, wenn die Zucchini ganz heiß zu dem kühlen Quark gegessen werden.

ABENDESSEN: CHAMPIGNONSALAT
100 g Champignons putzen, in feine Scheiben schneiden, mit 1 geviertelten hartgekochten Ei und 50 g blauen, halbierten Weintrauben vermengen. 50 g Magermilchjoghurt mit 20 g kalorienreduzierter Mayonnaise und 1 TL Curry verrühren. Mit Salz, Ingwer und Zucker abschmecken. Champignons und Sauce vermischen.

Für den Blau-Grün-Typ:
FRÜHSTÜCK: RADIESCHENBROT MIT EI IM GLAS
1 kleines Ei 4 Minuten wachsweich kochen, rasch pellen und in einem Glas mit der Gabel zerdrücken. Salzen und pfeffern. 1 Scheibe Knäckebrot dünn mit Butter bestreichen und reichlich mit in Scheiben geschnittenen Radieschen belegen. Auch diese leicht salzen und mit frischem Schnittlauch bestreuen.

MITTAGESSEN: SPAGHETTI MIT PILZEN UND TOMATEN
1 Zwiebel würfeln und in Öl glasig dünsten. 100 g in Scheiben geschnittene Champignons dazugeben. Wenn die Pilze Flüssigkeit abgeben, 125 g Tomatenpüree in die Pfanne geben. Mit Salz, Pfeffer und 1 Prise Zucker würzen. Etwa 10 Minuten köcheln lassen. Nebenher 50 g Spaghetti etwa 10–12 Minuten bißfest kochen. Abgießen und die Sauce darübergeben. Mit 1 TL gemischten Kräutern und etwas Parmesan verfeinern.

ABENDESSEN: SELLERIESALAT MIT ANANAS
Grundrezept wie beim Grün-Typ. Statt der halben roten Paprikaschote nehmen Sie jedoch 1/4 gelbe und 1/4 rote Paprikaschote.

Für den Blau-Gelb-Typ:

Frühstück: Obstsalat mit Getreide

1 EL Weizen-, 1 EL Hirse- und 1 EL Haferflocken in einer Pfanne goldgelb rösten. Dann 1 TL Honig darüberträufeln und etwas Magermilch unterrühren. Die abgekühlte Masse mit 200 g roten Beeren und 1 in Scheiben geschnittenen Kiwi mischen, auf einem Teller anrichten und mit Pinienkernen bestreuen.

Mittagessen: Gemüsegratin

100 g Broccoli in Salzwasser garen, in kleine Röschen zerteilen. 1/2 Zucchini und 100 g gehäutete Tomaten kleinschneiden, mit dem Broccoli mischen und in eine feuerfeste Form geben. Leicht salzen und pfeffern. 3 EL süße Sahne mit 25 g geriebenem Emmentaler Käse mischen, mit frischen Kräutern würzen und über das Gemüse verteilen. Im vorgeheizten Ofen überbacken, bis der Käse zart gebräunt ist.

Abendessen: Rinder-Carpaccio mit Kräuter-Baguette

100 g Rinderfilet vom Fleischer hauchdünn aufschneiden lassen. Einen Teller mit Olivenöl bestreichen, die Filetscheiben darauflegen, salzen, pfeffern. 25 g Parmesan darüberstreuen und das Ganze mit reichlich glatter Petersilie belegen. 2 Baguettescheiben mit Kräuterbutter dünn bestreichen, im Grill kurz anbräunen lassen und dazu reichen.

Für den Grün-Gelb-Typ:

Frühstück: Obstsalat mit Vollkornbrot

50 g blaue Trauben schälen und entkernen, dazu 100 g Erdbeeren, 1 Orange und 1 Handvoll Haselnüsse. Mit 1 TL Nutrasweet-Süßstoff süßen. Dazu gibt's 1 Scheibe Vollkornbrot, die man mit Halbfettmargarine bestreicht.

Mittagessen: Gemüsepfanne

1 kleine Zwiebel, 1 kleine Aubergine, 1 rote Paprikaschote, 2 Tomaten (je nach gusto gehäutet) kleinschneiden und in 2 EL Distelöl andünsten. Salzen, pfeffern und zugedeckt etwa 10 Minuten schmoren lassen. Dann auf dem Teller anrichten und mit frischen Basilikumblättern dekorieren.

Abendessen: Rinder-Carpaccio mit Käse

Grundrezept wie beim Blau-Gelb-Typ. Die Baguettescheiben bestreichen Sie jedoch dünn mit Knoblauchbutter, unter die Sie gehackte Petersilie gemischt haben. Im Ofen aufbacken, bis die Butter geschmolzen ist.

Für den Rot-Blau-Gelb-Typ:

Frühstück: Trauben mit Getreideflocken

50 g geschälte und entkernte grüne Trauben halbieren, 1 in Scheiben geschnittene Kiwi und 1 kleingewürfelten Apfel dazugeben. Mit Nutrasweet-Süßstoff süßen und 1 Handvoll Haselnüsse untermischen. Dazu gibt's 1 Scheibe Vollkornbrot, die dünn mit Halbfettmargarine bestrichen ist.

Mittagessen: Blattspinat mit pochiertem Ei

Rezept wie beim Rot-Blau-Typ.

Abendessen: Grüne Tortellini mit Champignon-Sauce

100 g Champignons waschen und kleinschneiden. Zusammen mit 1 kleingeschnittenen Zwiebel in etwas Kräuterbutter andünsten. Nebenher 70 g grüne Tortellini (oder andere grüne Nudeln) in Salzwasser bißfest garen. 1/2 Bund gemischte Kräuter abspülen und kleinhacken, mit 2 EL süßer Sahne zu den Pilzen geben, verrühren. Die Nudeln abgießen und mit der Sauce vermengen.

Für den Rot-Grün-Blau-Typ:
FRÜHSTÜCK: KNÄCKEBROT MIT APRIKOSEN-DIÄT-MARMELADE
2 Scheiben Knäckebrot dünn mit Margarine und Aprikosen-Marmelade (kalorienreduziert) bestreichen. Dazu paßt am besten Ringelblumen- oder Goldrutentee (gibt's in der Apotheke oder im Reformhaus).

MITTAGESSEN: SPAGHETTI MIT GELBEM PAPRIKA
1 Schalotte schälen, fein würfeln und in etwas Butter glasig dünsten. Dazu 1 TL gemischte Kräuter geben. 1 gelbe Paprikaschote in feine Streifen schneiden und mit etwas Crème fraîche in die Pfanne zu der Schalotte geben, kurz aufkochen lassen. Dann 1 Knoblauchzehe dazupressen und mit Salz und Pfeffer abschmecken. Nebenbei 70 g Spaghetti in etwa 12 Minuten al dente kochen, abgießen und mit dem Paprikagemüse mischen.

ABENDESSEN: SELLERIESALAT MIT ANANAS
Rezept wie beim Blau-Grün-Typ.

Für den Grün-Gelb-Blau-Typ
FRÜHSTÜCK: OBSTSALAT
Jeweils 1 EL Weizen-, Hirse- und Haferflocken in einer Pfanne goldgelb rösten. 1 TL Honig darüberträufeln und etwas Magermilch unterziehen. Masse abkühlen lassen. Mit jeweils etwa 70 g Himbeeren, Erdbeeren und Brombeeren mischen, auf einem Teller anrichten und mit 1 TL gemahlenen Haselnüssen bestreuen.

MITTAGESSEN: TOMATEN-PAPRIKA-GRATIN
2 rote Paprikaschoten und 1 große (nach gusto gehäutete) Fleischtomate kleinschneiden, mit 1 kleingewürfelten Schalotte kurz andünsten. Das Gemüse salzen und pfeffern, mit frischen Kräutern abschmecken. In eine feuerfeste Form füllen und mit 3 EL süßer Sahne und etwa 25 g geriebenem Käse übergießen und im Ofen überbacken, bis der Käse leicht gebräunt ist. Dazu gibt's 1 Scheibe Baguette.

ABENDESSEN: SPAGHETTI MIT PILZEN UND TOMATEN
Rezept wie beim Blau-Grün-Typ

Für den Grün-Gelb-Rot-Typ:
FRÜHSTÜCK: GETREIDE-FRÜCHTE-MÜSLI
2 EL Weizenkörner und 4 geviertelte Dörrpflaumen über Nacht einweichen, morgens mit 1/2 Apfel, 50 g Brombeeren und 100 g Magermilchjoghurt mischen, mit 1 TL gehobelten Nüssen bestreuen.

MITTAGESSEN: GEGRILLTE AUBERGINEN MIT KRÄUTERQUARK
1 mittelgroße Aubergine in Scheiben schneiden, salzen und 10 Minuten Saft ziehen lassen. Dann kalt abspülen, mit Küchenkrepp trockentupfen, auf dem Grillrost verteilen und mit 2 TL Olivenöl einpinseln, goldbraun grillen und auf einem Teller anrichten. Für den Kräuterdip mischen Sie 100 g Magerquark mit 1/2 kleingewürfelten Salatgurke, 1 zerdrückten Knoblauchzehe, etwas Dill und Salz. Verteilen Sie die Masse auf den Auberginenscheiben. Dazu gibt's 1 Scheibe Baguette, dünn mit Kräuterbutter bestrichen.

ABENDESSEN: CHAMPIGNONSALAT MIT BLAUEN TRAUBEN UND EI
100 g Champignons putzen und in feine Scheiben schneiden. 1 Ei hartkochen, schälen und vierteln. 50 g Weintrauben waschen, entkernen und halbieren. 1 Joghurt mit etwas Mayonnaise, 1 EL Orangensaft und 1 TL Curry verrühren. Mit jeweils 1 Prise Salz, Ingwer und Zucker abschmecken. Das Dressing mit Ei, Champignons und den Trauben mischen. Mit geriebenen Haselnüssen bestreuen.

MONDKALENDER 1996 – 2000

Sicherlich ist Ihnen inzwischen das Wasser im Mund zusammengelaufen? Dann geht's nun an die »Praxis«: Auf den folgenden Seiten finden Sie in unserem Mondkalender bis ins nächste Jahrtausend für jeden Tag die Angabe, welche Pflanzengruppe ihren großen Auftritt bei Tisch hat.

Der Mondkalender enthält neben den Angaben des Mondstandes, seiner Phase und der entsprechenden Pflanzengruppe auch den Nahrungsbestandteil, den der Körper an dem jeweiligen Tag besonders gut verwertet. Ein wichtiger Hinweis besonders für die Menschen, die auf ihre Figur achten oder eine bestimmte Diät einhalten.

Zwei Beispiele:

13	Sa	♎	Blüte	Ⓕ	☾

Am 13. Januar 1996 steht der Mond im Zeichen Waage, was der Gruppe der Blütenpflanzen und dem Nahrungsbestandteil Fett Ⓕ entspricht. Seine Phase: abnehmend. Der 13. Januar 1996 ist ein idealer Tag, um mit Blumenkohl und/oder Broccoli (also Blütenpflanzen) einen Schlankheitstag einzulegen. Schlankheitstag nicht nur, weil diese Gemüse sehr wenig Kalorien haben und harntreibend wirken, sondern auch, weil der Mond abnehmend ist. Denn, wie Sie inzwischen wissen, lautet die Regel: Am schnellsten nimmt man ab, wenn der Mond es auch tut!
Aber Vorsicht: Verzichten Sie an diesem Tag weitgehend auf Fett. Denn an Blütetagen nimmt der Körper Fett ganz besonders gut auf. Wer allerdings zunehmen möchte – auch das soll es ja geben –, der sollte sein Gemüse mit einer guten, reichhaltigen Buttersauce krönen.

27	Sa	♉	Wurzel	Ⓢ	☽

Am 27. Januar 1996 steht der Mond im Zeichen Stier, was der Gruppe der Wurzelpflanzen entspricht. Der begünstigte Nahrungsbestandteil ist an diesem Tag das Salz Ⓢ. Am 27. Januar 1996 bekommt Ihrem Körper Wurzelgemüse also besonders gut. Wahrscheinlich werden Sie feststellen, daß Sie jetzt mit sehr viel weniger Salz als an anderen Tagen auskommen – gehen Sie damit also sparsam um. Auch, weil der Körper Salz nun gut verwertet und damit Wasser bindet.

Hier noch einmal alle Symbole und Abkürzungen, denen Sie im Mondkalender begegnen werden, auf einen Blick:

Symbol	Zeichen	Element	Einfluß
♈	Widder	Feuer	Frucht
♉	Stier	Erde	Wurzel
♊	Zwillinge	Luft	Blüte
♋	Krebs	Wasser	Blatt
♌	Löwe	Feuer	Frucht
♍	Jungfrau	Erde	Wurzel
♎	Waage	Luft	Blüte
♏	Skorpion	Wasser	Blatt
♐	Schütze	Feuer	Frucht
♑	Steinbock	Erde	Wurzel
♒	Wassermann	Luft	Blüte
♓	Fische	Wasser	Blatt

Symbol	Bedeutung	Wirkung
○	Vollmond	Idealer Fastentag
●	Neumond	Idealer Fastentag
☾	Abnehmend	Beste Diätzeit
☽	Zunehmend	Ungünstige Diätzeit
Ⓢ	Salz	An Wurzeltagen besonders wirksam
Ⓕ	Fett	An Blütetagen besonders wirksam
Ⓚ	Kohlenhydrate	An Blattagen besonders wirksam
Ⓔ	Eiweiß	An Fruchttagen besonders wirksam

Januar

1	Mo	♉	Wurzel	Ⓢ	
2	Di	♉	Wurzel	Ⓢ	
3	Mi	♊	Blüte	Ⓕ	
4	Do	♊	Blüte	Ⓕ	
5	Fr	♋	Blatt	Ⓚ	○
6	Sa	♋	Blatt	Ⓚ	
7	So	♋	Blatt	Ⓚ	
8	Mo	♌	Frucht	Ⓔ	
9	Di	♌	Frucht	Ⓔ	
10	Mi	♍	Wurzel	Ⓢ	
11	Do	♍	Wurzel	Ⓢ	
12	Fr	♍	Wurzel	Ⓢ	
13	Sa	♎	Blüte	Ⓕ	☾
14	So	♎	Blüte	Ⓕ	
15	Mo	♏	Blatt	Ⓚ	
16	Di	♏	Blatt	Ⓚ	
17	Mi	♐	Frucht	Ⓔ	
18	Do	♐	Frucht	Ⓔ	
19	Fr	♑	Wurzel	Ⓢ	
20	Sa	♑	Wurzel	Ⓢ	●
21	So	♒	Blüte	Ⓕ	
22	Mo	♒	Blüte	Ⓕ	
23	Di	♓	Blatt	Ⓚ	
24	Mi	♓	Blatt	Ⓚ	
25	Do	♈	Frucht	Ⓔ	
26	Fr	♈	Frucht	Ⓔ	
27	Sa	♉	Wurzel	Ⓢ	☽
28	So	♉	Wurzel	Ⓢ	
29	Mo	♉	Wurzel	Ⓢ	
30	Di	♊	Blüte	Ⓕ	
31	Mi	♊	Blüte	Ⓕ	

Februar

1	Do	♋	Blatt	Ⓚ	
2	Fr	♋	Blatt	Ⓚ	
3	Sa	♋	Blatt	Ⓚ	
4	So	♌	Frucht	Ⓔ	○
5	Mo	♌	Frucht	Ⓔ	
6	Di	♍	Wurzel	Ⓢ	
7	Mi	♍	Wurzel	Ⓢ	
8	Do	♍	Wurzel	Ⓢ	
9	Fr	♎	Blüte	Ⓕ	
10	Sa	♎	Blüte	Ⓕ	
11	So	♏	Blatt	Ⓚ	
12	Mo	♏	Blatt	Ⓚ	☾
13	Di	♐	Frucht	Ⓔ	
14	Mi	♐	Frucht	Ⓔ	
15	Do	♑	Wurzel	Ⓢ	
16	Fr	♑	Wurzel	Ⓢ	
17	Sa	♑	Wurzel	Ⓢ	
18	So	♒	Blüte	Ⓕ	●
19	Mo	♒	Blüte	Ⓕ	
20	Di	♓	Blatt	Ⓚ	
21	Mi	♓	Blatt	Ⓚ	
22	Do	♈	Frucht	Ⓔ	
23	Fr	♈	Frucht	Ⓔ	
24	Sa	♉	Wurzel	Ⓢ	
25	So	♉	Wurzel	Ⓢ	
26	Mo	♊	Blüte	Ⓕ	☽
27	Di	♊	Blüte	Ⓕ	
28	Mi	♊	Blüte	Ⓕ	
29	Do	♋	Blatt	Ⓚ	

März

1	Fr	♋	Blatt	Ⓚ	
2	Sa	♌	Frucht	Ⓔ	
3	So	♌	Frucht	Ⓔ	
4	Mo	♌	Frucht	Ⓔ	
5	Di	♍	Wurzel	Ⓢ	○
6	Mi	♍	Wurzel	Ⓢ	
7	Do	♎	Blüte	Ⓕ	
8	Fr	♎	Blüte	Ⓕ	
9	Sa	♏	Blatt	Ⓚ	
10	So	♏	Blatt	Ⓚ	
11	Mo	♏	Blatt	Ⓚ	
12	Di	♐	Frucht	Ⓔ	☾
13	Mi	♐	Frucht	Ⓔ	
14	Do	♑	Wurzel	Ⓢ	
15	Fr	♑	Wurzel	Ⓢ	
16	Sa	♒	Blüte	Ⓕ	
17	So	♒	Blüte	Ⓕ	
18	Mo	♓	Blatt	Ⓚ	
19	Di	♓	Blatt	Ⓚ	●
20	Mi	♈	Frucht	Ⓔ	
21	Do	♈	Frucht	Ⓔ	
22	Fr	♉	Wurzel	Ⓢ	
23	Sa	♉	Wurzel	Ⓢ	
24	So	♉	Wurzel	Ⓢ	
25	Mo	♊	Blüte	Ⓕ	
26	Di	♊	Blüte	Ⓕ	
27	Mi	♋	Blatt	Ⓚ	☽
28	Do	♋	Blatt	Ⓚ	
29	Fr	♋	Blatt	Ⓚ	
30	Sa	♌	Frucht	Ⓔ	
31	So	♌	Frucht	Ⓔ	

April					
1	Mo	♍	Wurzel	Ⓢ	
2	Di	♍	Wurzel	Ⓢ	
3	Mi	♎	Blüte	Ⓕ	
4	Do	♎	Blüte	Ⓕ	○
5	Fr	♎	Blüte	Ⓕ	
6	Sa	♏	Blatt	Ⓚ	
7	So	♏	Blatt	Ⓚ	
8	Mo	♐	Frucht	Ⓔ	
9	Di	♐	Frucht	Ⓔ	
10	Mi	♑	Wurzel	Ⓢ	☾
11	Do	♑	Wurzel	Ⓢ	
12	Fr	♒	Blüte	Ⓕ	
13	Sa	♒	Blüte	Ⓕ	
14	So	♓	Blatt	Ⓚ	
15	Mo	♓	Blatt	Ⓚ	
16	Di	♈	Frucht	Ⓔ	
17	Mi	♈	Frucht	Ⓔ	●
18	Do	♈	Frucht	Ⓔ	
19	Fr	♉	Wurzel	Ⓢ	
20	Sa	♉	Wurzel	Ⓢ	
21	So	♊	Blüte	Ⓕ	
22	Mo	♊	Blüte	Ⓕ	
23	Di	♋	Blatt	Ⓚ	
24	Mi	♋	Blatt	Ⓚ	
25	Do	♋	Blatt	Ⓚ	☽
26	Fr	♌	Frucht	Ⓔ	
27	Sa	♌	Frucht	Ⓔ	
28	So	♍	Wurzel	Ⓢ	
29	Mo	♍	Wurzel	Ⓢ	
30	Di	♍	Wurzel	Ⓢ	

Mai					
1	Mi	♎	Blüte	Ⓕ	
2	Do	♎	Blüte	Ⓕ	
3	Fr	♏	Blatt	Ⓚ	○
4	Sa	♏	Blatt	Ⓚ	
5	So	♐	Frucht	Ⓔ	
6	Mo	♐	Frucht	Ⓔ	
7	Di	♑	Wurzel	Ⓢ	
8	Mi	♑	Wurzel	Ⓢ	
9	Do	♒	Blüte	Ⓕ	
10	Fr	♒	Blüte	Ⓕ	☾
11	Sa	♓	Blatt	Ⓚ	
12	So	♓	Blatt	Ⓚ	
13	Mo	♓	Blatt	Ⓚ	
14	Di	♈	Frucht	Ⓔ	
15	Mi	♈	Frucht	Ⓔ	
16	Do	♉	Wurzel	Ⓢ	
17	Fr	♉	Wurzel	Ⓢ	●
18	Sa	♊	Blüte	Ⓕ	
19	So	♊	Blüte	Ⓕ	
20	Mo	♊	Blüte	Ⓕ	
21	Di	♋	Blatt	Ⓚ	
22	Mi	♋	Blatt	Ⓚ	
23	Do	♌	Frucht	Ⓔ	
24	Fr	♌	Frucht	Ⓔ	
25	Sa	♌	Frucht	Ⓔ	☽
26	So	♍	Wurzel	Ⓢ	
27	Mo	♍	Wurzel	Ⓢ	
28	Di	♎	Blüte	Ⓕ	
29	Mi	♎	Blüte	Ⓕ	
30	Do	♏	Blatt	Ⓚ	
31	Fr	♏	Blatt	Ⓚ	

Juni					
1	Sa	♏	Blatt	Ⓚ	○
2	So	♐	Frucht	Ⓔ	
3	Mo	♐	Frucht	Ⓔ	
4	Di	♑	Wurzel	Ⓢ	
5	Mi	♑	Wurzel	Ⓢ	
6	Do	♒	Blüte	Ⓕ	
7	Fr	♒	Blüte	Ⓕ	
8	Sa	♓	Blatt	Ⓚ	☾
9	So	♓	Blatt	Ⓚ	
10	Mo	♈	Frucht	Ⓔ	
11	Di	♈	Frucht	Ⓔ	
12	Mi	♉	Wurzel	Ⓢ	
13	Do	♉	Wurzel	Ⓢ	
14	Fr	♉	Wurzel	Ⓢ	
15	Sa	♊	Blüte	Ⓕ	
16	So	♊	Blüte	Ⓕ	●
17	Mo	♋	Blatt	Ⓚ	
18	Di	♋	Blatt	Ⓚ	
19	Mi	♌	Frucht	Ⓔ	
20	Do	♌	Frucht	Ⓔ	
21	Fr	♌	Frucht	Ⓔ	
22	Sa	♍	Wurzel	Ⓢ	
23	So	♍	Wurzel	Ⓢ	
24	Mo	♎	Blüte	Ⓕ	☽
25	Di	♎	Blüte	Ⓕ	
26	Mi	♎	Blüte	Ⓕ	
27	Do	♏	Blatt	Ⓚ	
28	Fr	♏	Blatt	Ⓚ	
29	Sa	♐	Frucht	Ⓔ	
30	So	♐	Frucht	Ⓔ	

Juli				
1	Mo	Wurzel	Ⓢ	○
2	Di	Wurzel	Ⓢ	
3	Mi	Blüte	Ⓕ	
4	Do	Blüte	Ⓕ	
5	Fr	Blatt	Ⓚ	
6	Sa	Blatt	Ⓚ	
7	So	Frucht	Ⓔ	☾
8	Mo	Frucht	Ⓔ	
9	Di	Wurzel	Ⓢ	
10	Mi	Wurzel	Ⓢ	
11	Do	Wurzel	Ⓢ	
12	Fr	Blüte	Ⓕ	
13	Sa	Blüte	Ⓕ	
14	So	Blatt	Ⓚ	
15	Mo	Blatt	Ⓚ	●
16	Di	Blatt	Ⓚ	
17	Mi	Frucht	Ⓔ	
18	Do	Frucht	Ⓔ	
19	Fr	Wurzel	Ⓢ	
20	Sa	Wurzel	Ⓢ	
21	So	Wurzel	Ⓢ	
22	Mo	Blüte	Ⓕ	
23	Di	Blüte	Ⓕ	☽
24	Mi	Blatt	Ⓚ	
25	Do	Blatt	Ⓚ	
26	Fr	Frucht	Ⓔ	
27	Sa	Frucht	Ⓔ	
28	So	Wurzel	Ⓢ	
29	Mo	Wurzel	Ⓢ	
30	Di	Blüte	Ⓕ	○
31	Mi	Blüte	Ⓕ	

August				
1	Do	Blatt	Ⓚ	
2	Fr	Blatt	Ⓚ	
3	Sa	Frucht	Ⓔ	
4	So	Frucht	Ⓔ	
5	Mo	Frucht	Ⓔ	
6	Di	Wurzel	Ⓢ	☾
7	Mi	Wurzel	Ⓢ	
8	Do	Blüte	Ⓕ	
9	Fr	Blüte	Ⓕ	
10	Sa	Blatt	Ⓚ	
11	So	Blatt	Ⓚ	
12	Mo	Blatt	Ⓚ	
13	Di	Frucht	Ⓔ	
14	Mi	Frucht	Ⓔ	●
15	Do	Frucht	Ⓔ	
16	Fr	Wurzel	Ⓢ	
17	Sa	Wurzel	Ⓢ	
18	So	Blüte	Ⓕ	
19	Mo	Blüte	Ⓕ	
20	Di	Blatt	Ⓚ	
21	Mi	Blatt	Ⓚ	
22	Do	Blatt	Ⓚ	☽
23	Fr	Frucht	Ⓔ	
24	Sa	Frucht	Ⓔ	
25	So	Wurzel	Ⓢ	
26	Mo	Wurzel	Ⓢ	
27	Di	Blüte	Ⓕ	
28	Mi	Blüte	Ⓕ	○
29	Do	Blatt	Ⓚ	
30	Fr	Blatt	Ⓚ	
31	Sa	Frucht	Ⓔ	

September				
1	So	Frucht	Ⓔ	
2	Mo	Wurzel	Ⓢ	
3	Di	Wurzel	Ⓢ	
4	Mi	Blüte	Ⓕ	☾
5	Do	Blüte	Ⓕ	
6	Fr	Blüte	Ⓕ	
7	Sa	Blatt	Ⓚ	
8	So	Blatt	Ⓚ	
9	Mo	Frucht	Ⓔ	
10	Di	Frucht	Ⓔ	
11	Mi	Frucht	Ⓔ	
12	Do	Wurzel	Ⓢ	●
13	Fr	Wurzel	Ⓢ	
14	Sa	Blüte	Ⓕ	
15	So	Blüte	Ⓕ	
16	Mo	Blüte	Ⓕ	
17	Di	Blatt	Ⓚ	
18	Mi	Blatt	Ⓚ	
19	Do	Frucht	Ⓔ	
20	Fr	Frucht	Ⓔ	☽
21	Sa	Wurzel	Ⓢ	
22	So	Wurzel	Ⓢ	
23	Mo	Blüte	Ⓕ	
24	Di	Blüte	Ⓕ	
25	Mi	Blatt	Ⓚ	
26	Do	Blatt	Ⓚ	
27	Fr	Frucht	Ⓔ	○
28	Sa	Frucht	Ⓔ	
29	So	Wurzel	Ⓢ	
30	Mo	Wurzel	Ⓢ	

Oktober				
1	Di	Wurzel	Ⓢ	
2	Mi	Blüte	Ⓕ	
3	Do	Blüte	Ⓕ	
4	Fr	Blatt	Ⓚ	☾
5	Sa	Blatt	Ⓚ	
6	So	Blatt	Ⓚ	
7	Mo	Frucht	Ⓔ	
8	Di	Frucht	Ⓔ	
9	Mi	Wurzel	Ⓢ	
10	Do	Wurzel	Ⓢ	
11	Fr	Wurzel	Ⓢ	
12	Sa	Blüte	Ⓕ	●
13	So	Blüte	Ⓕ	
14	Mo	Blatt	Ⓚ	
15	Di	Blatt	Ⓚ	
16	Mi	Frucht	Ⓔ	
17	Do	Frucht	Ⓔ	
18	Fr	Wurzel	Ⓢ	
19	Sa	Wurzel	Ⓢ	☽
20	So	Blüte	Ⓕ	
21	Mo	Blüte	Ⓕ	
22	Di	Blüte	Ⓕ	
23	Mi	Blatt	Ⓚ	
24	Do	Blatt	Ⓚ	
25	Fr	Frucht	Ⓔ	
26	Sa	Frucht	Ⓔ	○
27	So	Wurzel	Ⓢ	
28	Mo	Wurzel	Ⓢ	
29	Di	Blüte	Ⓕ	
30	Mi	Blüte	Ⓕ	
31	Do	Blatt	Ⓚ	

November				
1	Fr	Blatt	Ⓚ	
2	Sa	Blatt	Ⓚ	
3	So	Frucht	Ⓔ	☾
4	Mo	Frucht	Ⓔ	
5	Di	Wurzel	Ⓢ	
6	Mi	Wurzel	Ⓢ	
7	Do	Wurzel	Ⓢ	
8	Fr	Blüte	Ⓕ	
9	Sa	Blüte	Ⓕ	
10	So	Blatt	Ⓚ	
11	Mo	Blatt	Ⓚ	●
12	Di	Frucht	Ⓔ	
13	Mi	Frucht	Ⓔ	
14	Do	Frucht	Ⓔ	
15	Fr	Wurzel	Ⓢ	
16	Sa	Wurzel	Ⓢ	
17	So	Blüte	Ⓕ	
18	Mo	Blüte	Ⓕ	☽
19	Di	Blatt	Ⓚ	
20	Mi	Blatt	Ⓚ	
21	Do	Frucht	Ⓔ	
22	Fr	Frucht	Ⓔ	
23	Sa	Wurzel	Ⓢ	
24	So	Wurzel	Ⓢ	
25	Mo	Blüte	Ⓕ	○
26	Di	Blüte	Ⓕ	
27	Mi	Blüte	Ⓕ	
28	Do	Blatt	Ⓚ	
29	Fr	Blatt	Ⓚ	
30	Sa	Frucht	Ⓔ	

Dezember				
1	So	Frucht	Ⓔ	
2	Mo	Frucht	Ⓔ	
3	Di	Wurzel	Ⓢ	☾
4	Mi	Wurzel	Ⓢ	
5	Do	Blüte	Ⓕ	
6	Fr	Blüte	Ⓕ	
7	Sa	Blüte	Ⓕ	
8	So	Blatt	Ⓚ	
9	Mo	Blatt	Ⓚ	
10	Di	Frucht	Ⓔ	●
11	Mi	Frucht	Ⓔ	
12	Do	Wurzel	Ⓢ	
13	Fr	Wurzel	Ⓢ	
14	Sa	Blüte	Ⓕ	
15	So	Blüte	Ⓕ	
16	Mo	Blatt	Ⓚ	
17	Di	Blatt	Ⓚ	☽
18	Mi	Frucht	Ⓔ	
19	Do	Frucht	Ⓔ	
20	Fr	Wurzel	Ⓢ	
21	Sa	Wurzel	Ⓢ	
22	So	Wurzel	Ⓢ	
23	Mo	Blüte	Ⓕ	
24	Di	Blüte	Ⓕ	○
25	Mi	Blatt	Ⓚ	
26	Do	Blatt	Ⓚ	
27	Fr	Blatt	Ⓚ	
28	Sa	Frucht	Ⓔ	
29	So	Frucht	Ⓔ	
30	Mo	Wurzel	Ⓢ	
31	Di	Wurzel	Ⓢ	

1997

Januar

1	Mi	♍	Wurzel	Ⓢ	
2	Do	♎	Blüte	Ⓕ	☾
3	Fr	♎	Blüte	Ⓕ	
4	Sa	♏	Blatt	Ⓚ	
5	So	♏	Blatt	Ⓚ	
6	Mo	♐	Frucht	Ⓔ	
7	Di	♐	Frucht	Ⓔ	
8	Mi	♑	Wurzel	Ⓢ	
9	Do	♑	Wurzel	Ⓢ	●
10	Fr	♒	Blüte	Ⓕ	
11	Sa	♒	Blüte	Ⓕ	
12	So	♓	Blatt	Ⓚ	
13	Mo	♓	Blatt	Ⓚ	
14	Di	♈	Frucht	Ⓔ	
15	Mi	♈	Frucht	Ⓔ	☽
16	Do	♈	Frucht	Ⓔ	
17	Fr	♉	Wurzel	Ⓢ	
18	Sa	♉	Wurzel	Ⓢ	
19	So	♊	Blüte	Ⓕ	
20	Mo	♊	Blüte	Ⓕ	
21	Di	♋	Blatt	Ⓚ	
22	Mi	♋	Blatt	Ⓚ	
23	Do	♋	Blatt	Ⓚ	○
24	Fr	♌	Frucht	Ⓔ	
25	Sa	♌	Frucht	Ⓔ	
26	So	♍	Wurzel	Ⓢ	
27	Mo	♍	Wurzel	Ⓢ	
28	Di	♍	Wurzel	Ⓢ	
29	Mi	♎	Blüte	Ⓕ	
30	Do	♎	Blüte	Ⓕ	
31	Fr	♏	Blatt	Ⓚ	☾

Februar

1	Sa	♏	Blatt	Ⓚ	
2	So	♏	Blatt	Ⓚ	
3	Mo	♐	Frucht	Ⓔ	
4	Di	♐	Frucht	Ⓔ	
5	Mi	♑	Wurzel	Ⓢ	
6	Do	♑	Wurzel	Ⓢ	
7	Fr	♒	Blüte	Ⓕ	●
8	Sa	♒	Blüte	Ⓕ	
9	So	♓	Blatt	Ⓚ	
10	Mo	♓	Blatt	Ⓚ	
11	Di	♈	Frucht	Ⓔ	
12	Mi	♈	Frucht	Ⓔ	
13	Do	♉	Wurzel	Ⓢ	
14	Fr	♉	Wurzel	Ⓢ	☽
15	Sa	♊	Blüte	Ⓕ	
16	So	♊	Blüte	Ⓕ	
17	Mo	♊	Blüte	Ⓕ	
18	Di	♋	Blatt	Ⓚ	
19	Mi	♋	Blatt	Ⓚ	
20	Do	♌	Frucht	Ⓔ	
21	Fr	♌	Frucht	Ⓔ	
22	Sa	♌	Frucht	Ⓔ	○
23	So	♍	Wurzel	Ⓢ	
24	Mo	♍	Wurzel	Ⓢ	
25	Di	♎	Blüte	Ⓕ	
26	Mi	♎	Blüte	Ⓕ	
27	Do	♎	Blüte	Ⓕ	
28	Fr	♏	Blatt	Ⓚ	

März

1	Sa	♏	Blatt	Ⓚ	
2	So	♐	Frucht	Ⓔ	☾
3	Mo	♐	Frucht	Ⓔ	
4	Di	♑	Wurzel	Ⓢ	
5	Mi	♑	Wurzel	Ⓢ	
6	Do	♒	Blüte	Ⓕ	
7	Fr	♒	Blüte	Ⓕ	
8	Sa	♓	Blatt	Ⓚ	
9	So	♓	Blatt	Ⓚ	●
10	Mo	♈	Frucht	Ⓔ	
11	Di	♈	Frucht	Ⓔ	
12	Mi	♉	Wurzel	Ⓢ	
13	Do	♉	Wurzel	Ⓢ	
14	Fr	♉	Wurzel	Ⓢ	
15	Sa	♊	Blüte	Ⓕ	
16	So	♊	Blüte	Ⓕ	☽
17	Mo	♋	Blatt	Ⓚ	
18	Di	♋	Blatt	Ⓚ	
19	Mi	♌	Frucht	Ⓔ	
20	Do	♌	Frucht	Ⓔ	
21	Fr	♌	Frucht	Ⓔ	
22	Sa	♍	Wurzel	Ⓢ	
23	So	♍	Wurzel	Ⓢ	
24	Mo	♎	Blüte	Ⓕ	○
25	Di	♎	Blüte	Ⓕ	
26	Mi	♎	Blüte	Ⓕ	
27	Do	♏	Blatt	Ⓚ	
28	Fr	♏	Blatt	Ⓚ	
29	Sa	♐	Frucht	Ⓔ	
30	So	♐	Frucht	Ⓔ	
31	Mo	♐	Frucht	Ⓔ	☾

April					
1	Di	♑	Wurzel	Ⓢ	
2	Mi	♑	Wurzel	Ⓢ	
3	Do	♒	Blüte	Ⓕ	
4	Fr	♒	Blüte	Ⓕ	
5	Sa	♓	Blatt	Ⓚ	
6	So	♓	Blatt	Ⓚ	
7	Mo	♈	Frucht	Ⓔ	●
8	Di	♈	Frucht	Ⓔ	
9	Mi	♉	Wurzel	Ⓢ	
10	Do	♉	Wurzel	Ⓢ	
11	Fr	♊	Blüte	Ⓕ	
12	Sa	♊	Blüte	Ⓕ	
13	So	♋	Blatt	Ⓚ	
14	Mo	♋	Blatt	Ⓚ	☽
15	Di	♋	Blatt	Ⓚ	
16	Mi	♌	Frucht	Ⓔ	
17	Do	♌	Frucht	Ⓔ	
18	Fr	♍	Wurzel	Ⓢ	
19	Sa	♍	Wurzel	Ⓢ	
20	So	♍	Wurzel	Ⓢ	
21	Mo	♎	Blüte	Ⓕ	
22	Di	♎	Blüte	Ⓕ	○
23	Mi	♏	Blatt	Ⓚ	
24	Do	♏	Blatt	Ⓚ	
25	Fr	♐	Frucht	Ⓔ	
26	Sa	♐	Frucht	Ⓔ	
27	So	♐	Frucht	Ⓔ	
28	Mo	♑	Wurzel	Ⓢ	
29	Di	♑	Wurzel	Ⓢ	
30	Mi	♒	Blüte	Ⓕ	☾

Mai					
1	Do	♒	Blüte	Ⓕ	
2	Fr	♓	Blatt	Ⓚ	
3	Sa	♓	Blatt	Ⓚ	
4	So	♈	Frucht	Ⓔ	
5	Mo	♈	Frucht	Ⓔ	
6	Di	♉	Wurzel	Ⓢ	●
7	Mi	♉	Wurzel	Ⓢ	
8	Do	♊	Blüte	Ⓕ	
9	Fr	♊	Blüte	Ⓕ	
10	Sa	♊	Blüte	Ⓕ	
11	So	♋	Blatt	Ⓚ	
12	Mo	♋	Blatt	Ⓚ	
13	Di	♌	Frucht	Ⓔ	
14	Mi	♌	Frucht	Ⓔ	☽
15	Do	♍	Wurzel	Ⓢ	
16	Fr	♍	Wurzel	Ⓢ	
17	Sa	♍	Wurzel	Ⓢ	
18	So	♎	Blüte	Ⓕ	
19	Mo	♎	Blüte	Ⓕ	
20	Di	♏	Blatt	Ⓚ	
21	Mi	♏	Blatt	Ⓚ	
22	Do	♏	Blatt	Ⓚ	○
23	Fr	♐	Frucht	Ⓔ	
24	Sa	♐	Frucht	Ⓔ	
25	So	♑	Wurzel	Ⓢ	
26	Mo	♑	Wurzel	Ⓢ	
27	Di	♒	Blüte	Ⓕ	
28	Mi	♒	Blüte	Ⓕ	
29	Do	♓	Blatt	Ⓚ	☾
30	Fr	♓	Blatt	Ⓚ	
31	Sa	♈	Frucht	Ⓔ	

Juni					
1	So	♈	Frucht	Ⓔ	
2	Mo	♈	Frucht	Ⓔ	
3	Di	♉	Wurzel	Ⓢ	
4	Mi	♉	Wurzel	Ⓢ	
5	Do	♊	Blüte	Ⓕ	●
6	Fr	♊	Blüte	Ⓕ	
7	Sa	♋	Blatt	Ⓚ	
8	So	♋	Blatt	Ⓚ	
9	Mo	♌	Frucht	Ⓔ	
10	Di	♌	Frucht	Ⓔ	
11	Mi	♌	Frucht	Ⓔ	
12	Do	♍	Wurzel	Ⓢ	
13	Fr	♍	Wurzel	Ⓢ	☽
14	Sa	♎	Blüte	Ⓕ	
15	So	♎	Blüte	Ⓕ	
16	Mo	♎	Blüte	Ⓕ	
17	Di	♏	Blatt	Ⓚ	
18	Mi	♏	Blatt	Ⓚ	
19	Do	♐	Frucht	Ⓔ	
20	Fr	♐	Frucht	Ⓔ	○
21	Sa	♑	Wurzel	Ⓢ	
22	So	♑	Wurzel	Ⓢ	
23	Mo	♒	Blüte	Ⓕ	
24	Di	♒	Blüte	Ⓕ	
25	Mi	♒	Blüte	Ⓕ	
26	Do	♓	Blatt	Ⓚ	
27	Fr	♓	Blatt	Ⓚ	☾
28	Sa	♈	Frucht	Ⓔ	
29	So	♈	Frucht	Ⓔ	
30	Mo	♉	Wurzel	Ⓢ	

Juli					
1	Di	♉	Wurzel	Ⓢ	
2	Mi	♊	Blüte	Ⓕ	
3	Do	♊	Blüte	Ⓕ	
4	Fr	♋	Blatt	Ⓚ	●
5	Sa	♋	Blatt	Ⓚ	
6	So	♋	Blatt	Ⓚ	
7	Mo	♌	Frucht	Ⓔ	
8	Di	♌	Frucht	Ⓔ	
9	Mi	♍	Wurzel	Ⓢ	
10	Do	♍	Wurzel	Ⓢ	
11	Fr	♍	Wurzel	Ⓢ	
12	Sa	♎	Blüte	Ⓕ	☽
13	So	♎	Blüte	Ⓕ	
14	Mo	♏	Blatt	Ⓚ	
15	Di	♏	Blatt	Ⓚ	
16	Mi	♏	Blatt	Ⓚ	
17	Do	♐	Frucht	Ⓔ	
18	Fr	♐	Frucht	Ⓔ	
19	Sa	♑	Wurzel	Ⓢ	
20	So	♑	Wurzel	Ⓢ	○
21	Mo	♒	Blüte	Ⓕ	
22	Di	♒	Blüte	Ⓕ	
23	Mi	♓	Blatt	Ⓚ	
24	Do	♓	Blatt	Ⓚ	
25	Fr	♈	Frucht	Ⓔ	
26	Sa	♈	Frucht	Ⓔ	☾
27	So	♉	Wurzel	Ⓢ	
28	Mo	♉	Wurzel	Ⓢ	
29	Di	♊	Blüte	Ⓕ	
30	Mi	♊	Blüte	Ⓕ	
31	Do	♊	Blüte	Ⓕ	

August					
1	Fr	♋	Blatt	Ⓚ	
2	Sa	♋	Blatt	Ⓚ	
3	So	♌	Frucht	Ⓔ	●
4	Mo	♌	Frucht	Ⓔ	
5	Di	♍	Wurzel	Ⓢ	
6	Mi	♍	Wurzel	Ⓢ	
7	Do	♍	Wurzel	Ⓢ	
8	Fr	♎	Blüte	Ⓕ	
9	Sa	♎	Blüte	Ⓕ	
10	So	♏	Blatt	Ⓚ	
11	Mo	♏	Blatt	Ⓚ	☽
12	Di	♏	Blatt	Ⓚ	
13	Mi	♐	Frucht	Ⓔ	
14	Do	♐	Frucht	Ⓔ	
15	Fr	♑	Wurzel	Ⓢ	
16	Sa	♑	Wurzel	Ⓢ	
17	So	♒	Blüte	Ⓕ	
18	Mo	♒	Blüte	Ⓕ	○
19	Di	♓	Blatt	Ⓚ	
20	Mi	♓	Blatt	Ⓚ	
21	Do	♈	Frucht	Ⓔ	
22	Fr	♈	Frucht	Ⓔ	
23	Sa	♉	Wurzel	Ⓢ	
24	So	♉	Wurzel	Ⓢ	
25	Mo	♊	Blüte	Ⓕ	☾
26	Di	♊	Blüte	Ⓕ	
27	Mi	♊	Blüte	Ⓕ	
28	Do	♋	Blatt	Ⓚ	
29	Fr	♋	Blatt	Ⓚ	
30	Sa	♌	Frucht	Ⓔ	
31	So	♌	Frucht	Ⓔ	

September					
1	Mo	♌	Frucht	Ⓔ	●
2	Di	♍	Wurzel	Ⓢ	
3	Mi	♍	Wurzel	Ⓢ	
4	Do	♎	Blüte	Ⓕ	
5	Fr	♎	Blüte	Ⓕ	
6	Sa	♎	Blüte	Ⓕ	
7	So	♏	Blatt	Ⓚ	
8	Mo	♏	Blatt	Ⓚ	
9	Di	♐	Frucht	Ⓔ	
10	Mi	♐	Frucht	Ⓔ	☽
11	Do	♐	Frucht	Ⓔ	
12	Fr	♑	Wurzel	Ⓢ	
13	Sa	♑	Wurzel	Ⓢ	
14	So	♒	Blüte	Ⓕ	
15	Mo	♒	Blüte	Ⓕ	
16	Di	♓	Blatt	Ⓚ	○
17	Mi	♓	Blatt	Ⓚ	
18	Do	♈	Frucht	Ⓔ	
19	Fr	♈	Frucht	Ⓔ	
20	Sa	♉	Wurzel	Ⓢ	
21	So	♉	Wurzel	Ⓢ	
22	Mo	♊	Blüte	Ⓕ	
23	Di	♊	Blüte	Ⓕ	☾
24	Mi	♋	Blatt	Ⓚ	
25	Do	♋	Blatt	Ⓚ	
26	Fr	♌	Frucht	Ⓔ	
27	Sa	♌	Frucht	Ⓔ	
28	So	♌	Frucht	Ⓔ	
29	Mo	♍	Wurzel	Ⓢ	
30	Di	♍	Wurzel	Ⓢ	

Oktober					
1	Mi	♎	Blüte	Ⓕ	●
2	Do	♎	Blüte	Ⓕ	
3	Fr	♎	Blüte	Ⓕ	
4	Sa	♏	Blatt	Ⓚ	
5	So	♏	Blatt	Ⓚ	
6	Mo	♐	Frucht	Ⓔ	
7	Di	♐	Frucht	Ⓔ	
8	Mi	♐	Frucht	Ⓔ	
9	Do	♑	Wurzel	Ⓢ	☽
10	Fr	♑	Wurzel	Ⓢ	
11	Sa	♒	Blüte	Ⓕ	
12	So	♒	Blüte	Ⓕ	
13	Mo	♓	Blatt	Ⓚ	
14	Di	♓	Blatt	Ⓚ	
15	Mi	♈	Frucht	Ⓔ	
16	Do	♈	Frucht	Ⓔ	○
17	Fr	♉	Wurzel	Ⓢ	
18	Sa	♉	Wurzel	Ⓢ	
19	So	♊	Blüte	Ⓕ	
20	Mo	♊	Blüte	Ⓕ	
21	Di	♋	Blatt	Ⓚ	
22	Mi	♋	Blatt	Ⓚ	
23	Do	♋	Blatt	Ⓚ	☾
24	Fr	♌	Frucht	Ⓔ	
25	Sa	♌	Frucht	Ⓔ	
26	So	♍	Wurzel	Ⓢ	
27	Mo	♍	Wurzel	Ⓢ	
28	Di	♍	Wurzel	Ⓢ	
29	Mi	♎	Blüte	Ⓕ	
30	Do	♎	Blüte	Ⓕ	
31	Fr	♏	Blatt	Ⓚ	●

November					
1	Sa	♏	Blatt	Ⓚ	
2	So	♏	Blatt	Ⓚ	
3	Mo	♐	Frucht	Ⓔ	
4	Di	♐	Frucht	Ⓔ	
5	Mi	♑	Wurzel	Ⓢ	
6	Do	♑	Wurzel	Ⓢ	
7	Fr	♒	Blüte	Ⓕ	☽
8	Sa	♒	Blüte	Ⓕ	
9	So	♓	Blatt	Ⓚ	
10	Mo	♓	Blatt	Ⓚ	
11	Di	♓	Blatt	Ⓚ	
12	Mi	♈	Frucht	Ⓔ	
13	Do	♈	Frucht	Ⓔ	
14	Fr	♉	Wurzel	Ⓢ	○
15	Sa	♉	Wurzel	Ⓢ	
16	So	♊	Blüte	Ⓕ	
17	Mo	♊	Blüte	Ⓕ	
18	Di	♋	Blatt	Ⓚ	
19	Mi	♋	Blatt	Ⓚ	
20	Do	♌	Frucht	Ⓔ	
21	Fr	♌	Frucht	Ⓔ	☾
22	Sa	♌	Frucht	Ⓔ	
23	So	♍	Wurzel	Ⓢ	
24	Mo	♍	Wurzel	Ⓢ	
25	Di	♎	Blüte	Ⓕ	
26	Mi	♎	Blüte	Ⓕ	
27	Do	♎	Blüte	Ⓕ	
28	Fr	♏	Blatt	Ⓚ	
29	Sa	♏	Blatt	Ⓚ	
30	So	♐	Frucht	Ⓔ	●

Dezember					
1	Mo	♐	Frucht	Ⓔ	
2	Di	♑	Wurzel	Ⓢ	
3	Mi	♑	Wurzel	Ⓢ	
4	Do	♒	Blüte	Ⓕ	
5	Fr	♒	Blüte	Ⓕ	
6	Sa	♒	Blüte	Ⓕ	
7	So	♓	Blatt	Ⓚ	☽
8	Mo	♓	Blatt	Ⓚ	
9	Di	♈	Frucht	Ⓔ	
10	Mi	♈	Frucht	Ⓔ	
11	Do	♉	Wurzel	Ⓢ	
12	Fr	♉	Wurzel	Ⓢ	
13	Sa	♊	Blüte	Ⓕ	
14	So	♊	Blüte	Ⓕ	○
15	Mo	♋	Blatt	Ⓚ	
16	Di	♋	Blatt	Ⓚ	
17	Mi	♌	Frucht	Ⓔ	
18	Do	♌	Frucht	Ⓔ	
19	Fr	♌	Frucht	Ⓔ	
20	Sa	♍	Wurzel	Ⓢ	
21	So	♍	Wurzel	Ⓢ	☾
22	Mo	♎	Blüte	Ⓕ	
23	Di	♎	Blüte	Ⓕ	
24	Mi	♎	Blüte	Ⓕ	
25	Do	♏	Blatt	Ⓚ	
26	Fr	♏	Blatt	Ⓚ	
27	Sa	♐	Frucht	Ⓔ	
28	So	♐	Frucht	Ⓔ	
29	Mo	♐	Frucht	Ⓔ	●
30	Di	♑	Wurzel	Ⓢ	
31	Mi	♑	Wurzel	Ⓢ	

Januar					
1	Do	♒	Blüte	Ⓕ	
2	Fr	♒	Blüte	Ⓕ	
3	Sa	♓	Blatt	Ⓚ	
4	So	♓	Blatt	Ⓚ	
5	Mo	♈	Frucht	Ⓔ	☽
6	Di	♈	Frucht	Ⓔ	
7	Mi	♉	Wurzel	Ⓢ	
8	Do	♉	Wurzel	Ⓢ	
9	Fr	♊	Blüte	Ⓕ	
10	Sa	♊	Blüte	Ⓕ	
11	So	♊	Blüte	Ⓕ	
12	Mo	♋	Blatt	Ⓚ	○
13	Di	♋	Blatt	Ⓚ	
14	Mi	♌	Frucht	Ⓔ	
15	Do	♌	Frucht	Ⓔ	
16	Fr	♍	Wurzel	Ⓢ	
17	Sa	♍	Wurzel	Ⓢ	
18	So	♍	Wurzel	Ⓢ	
19	Mo	♎	Blüte	Ⓕ	
20	Di	♎	Blüte	Ⓕ	☾
21	Mi	♏	Blatt	Ⓚ	
22	Do	♏	Blatt	Ⓚ	
23	Fr	♏	Blatt	Ⓚ	
24	Sa	♐	Frucht	Ⓔ	
25	So	♐	Frucht	Ⓔ	
26	Mo	♑	Wurzel	Ⓢ	
27	Di	♑	Wurzel	Ⓢ	
28	Mi	♒	Blüte	Ⓕ	●
29	Do	♒	Blüte	Ⓕ	
30	Fr	♓	Blatt	Ⓚ	
31	Sa	♓	Blatt	Ⓚ	

Februar					
1	So	♈	Frucht	Ⓔ	
2	Mo	♈	Frucht	Ⓔ	
3	Di	♉	Wurzel	Ⓢ	☽
4	Mi	♉	Wurzel	Ⓢ	
5	Do	♉	Wurzel	Ⓢ	
6	Fr	♊	Blüte	Ⓕ	
7	Sa	♊	Blüte	Ⓕ	
8	So	♋	Blatt	Ⓚ	
9	Mo	♋	Blatt	Ⓚ	
10	Di	♌	Frucht	Ⓔ	
11	Mi	♌	Frucht	Ⓔ	○
12	Do	♌	Frucht	Ⓔ	
13	Fr	♍	Wurzel	Ⓢ	
14	Sa	♍	Wurzel	Ⓢ	
15	So	♎	Blüte	Ⓕ	
16	Mo	♎	Blüte	Ⓕ	
17	Di	♎	Blüte	Ⓕ	
18	Mi	♏	Blatt	Ⓚ	
19	Do	♏	Blatt	Ⓚ	☾
20	Fr	♐	Frucht	Ⓔ	
21	Sa	♐	Frucht	Ⓔ	
22	So	♑	Wurzel	Ⓢ	
23	Mo	♑	Wurzel	Ⓢ	
24	Di	♑	Wurzel	Ⓢ	
25	Mi	♒	Blüte	Ⓕ	
26	Do	♒	Blüte	Ⓕ	●
27	Fr	♓	Blatt	Ⓚ	
28	Sa	♓	Blatt	Ⓚ	

März					
1	So	♈	Frucht	Ⓔ	
2	Mo	♈	Frucht	Ⓔ	
3	Di	♉	Wurzel	Ⓢ	
4	Mi	♉	Wurzel	Ⓢ	
5	Do	♊	Blüte	Ⓕ	☽
6	Fr	♊	Blüte	Ⓕ	
7	Sa	♋	Blatt	Ⓚ	
8	So	♋	Blatt	Ⓚ	
9	Mo	♌	Frucht	Ⓔ	
10	Di	♌	Frucht	Ⓔ	
11	Mi	♌	Frucht	Ⓔ	
12	Do	♍	Wurzel	Ⓢ	
13	Fr	♍	Wurzel	Ⓢ	○
14	Sa	♎	Blüte	Ⓕ	
15	So	♎	Blüte	Ⓕ	
16	Mo	♎	Blüte	Ⓕ	
17	Di	♏	Blatt	Ⓚ	
18	Mi	♏	Blatt	Ⓚ	
19	Do	♐	Frucht	Ⓔ	
20	Fr	♐	Frucht	Ⓔ	
21	Sa	♐	Frucht	Ⓔ	☾
22	So	♑	Wurzel	Ⓢ	
23	Mo	♑	Wurzel	Ⓢ	
24	Di	♒	Blüte	Ⓕ	
25	Mi	♒	Blüte	Ⓕ	
26	Do	♓	Blatt	Ⓚ	
27	Fr	♓	Blatt	Ⓚ	
28	Sa	♈	Frucht	Ⓔ	●
29	So	♈	Frucht	Ⓔ	
30	Mo	♉	Wurzel	Ⓢ	
31	Di	♉	Wurzel	Ⓢ	

April					
1	Mi	♊	Blüte	Ⓕ	
2	Do	♊	Blüte	Ⓕ	
3	Fr	♋	Blatt	Ⓚ	☽
4	Sa	♋	Blatt	Ⓚ	
5	So	♋	Blatt	Ⓚ	
6	Mo	♌	Frucht	Ⓔ	
7	Di	♌	Frucht	Ⓔ	
8	Mi	♍	Wurzel	Ⓢ	
9	Do	♍	Wurzel	Ⓢ	
10	Fr	♍	Wurzel	Ⓢ	
11	Sa	♎	Blüte	Ⓕ	○
12	So	♎	Blüte	Ⓕ	
13	Mo	♏	Blatt	Ⓚ	
14	Di	♏	Blatt	Ⓚ	
15	Mi	♏	Blatt	Ⓚ	
16	Do	♐	Frucht	Ⓔ	
17	Fr	♐	Frucht	Ⓔ	
18	Sa	♑	Wurzel	Ⓢ	
19	So	♑	Wurzel	Ⓢ	☾
20	Mo	♒	Blüte	Ⓕ	
21	Di	♒	Blüte	Ⓕ	
22	Mi	♒	Blüte	Ⓕ	
23	Do	♓	Blatt	Ⓚ	
24	Fr	♓	Blatt	Ⓚ	
25	Sa	♈	Frucht	Ⓔ	
26	So	♈	Frucht	Ⓔ	●
27	Mo	♉	Wurzel	Ⓢ	
28	Di	♉	Wurzel	Ⓢ	
29	Mi	♊	Blüte	Ⓕ	
30	Do	♊	Blüte	Ⓕ	

Mai					
1	Fr	♋	Blatt	Ⓚ	
2	Sa	♋	Blatt	Ⓚ	
3	So	♌	Frucht	Ⓔ	
4	Mo	♌	Frucht	Ⓔ	☽
5	Di	♍	Wurzel	Ⓢ	
6	Mi	♍	Wurzel	Ⓢ	
7	Do	♍	Wurzel	Ⓢ	
8	Fr	♎	Blüte	Ⓕ	
9	Sa	♎	Blüte	Ⓕ	
10	So	♏	Blatt	Ⓚ	
11	Mo	♏	Blatt	Ⓚ	○
12	Di	♏	Blatt	Ⓚ	
13	Mi	♐	Frucht	Ⓔ	
14	Do	♐	Frucht	Ⓔ	
15	Fr	♑	Wurzel	Ⓢ	
16	Sa	♑	Wurzel	Ⓢ	
17	So	♑	Wurzel	Ⓢ	
18	Mo	♒	Blüte	Ⓕ	
19	Di	♒	Blüte	Ⓕ	☾
20	Mi	♓	Blatt	Ⓚ	
21	Do	♓	Blatt	Ⓚ	
22	Fr	♈	Frucht	Ⓔ	
23	Sa	♈	Frucht	Ⓔ	
24	So	♉	Wurzel	Ⓢ	
25	Mo	♉	Wurzel	Ⓢ	●
26	Di	♊	Blüte	Ⓕ	
27	Mi	♊	Blüte	Ⓕ	
28	Do	♋	Blatt	Ⓚ	
29	Fr	♋	Blatt	Ⓚ	
30	Sa	♌	Frucht	Ⓔ	
31	So	♌	Frucht	Ⓔ	

Juni					
1	Mo	♌	Frucht	Ⓔ	
2	Di	♍	Wurzel	Ⓢ	☽
3	Mi	♍	Wurzel	Ⓢ	
4	Do	♎	Blüte	Ⓕ	
5	Fr	♎	Blüte	Ⓕ	
6	Sa	♎	Blüte	Ⓕ	
7	So	♏	Blatt	Ⓚ	
8	Mo	♏	Blatt	Ⓚ	
9	Di	♐	Frucht	Ⓔ	
10	Mi	♐	Frucht	Ⓔ	○
11	Do	♐	Frucht	Ⓔ	
12	Fr	♑	Wurzel	Ⓢ	
13	Sa	♑	Wurzel	Ⓢ	
14	So	♒	Blüte	Ⓕ	
15	Mo	♒	Blüte	Ⓕ	
16	Di	♓	Blatt	Ⓚ	
17	Mi	♓	Blatt	Ⓚ	☾
18	Do	♈	Frucht	Ⓔ	
19	Fr	♈	Frucht	Ⓔ	
20	Sa	♉	Wurzel	Ⓢ	
21	So	♉	Wurzel	Ⓢ	
22	Mo	♊	Blüte	Ⓕ	
23	Di	♊	Blüte	Ⓕ	
24	Mi	♋	Blatt	Ⓚ	●
25	Do	♋	Blatt	Ⓚ	
26	Fr	♋	Blatt	Ⓚ	
27	Sa	♌	Frucht	Ⓔ	
28	So	♌	Frucht	Ⓔ	
29	Mo	♍	Wurzel	Ⓢ	
30	Di	♍	Wurzel	Ⓢ	

Juli

1	Mi	♎	Blüte	Ⓕ	☽
2	Do	♎	Blüte	Ⓕ	
3	Fr	♎	Blüte	Ⓕ	
4	Sa	♏	Blatt	Ⓚ	
5	So	♏	Blatt	Ⓚ	
6	Mo	♐	Frucht	Ⓔ	
7	Di	♐	Frucht	Ⓔ	
8	Mi	♐	Frucht	Ⓔ	
9	Do	♑	Wurzel	Ⓢ	○
10	Fr	♑	Wurzel	Ⓢ	
11	Sa	♒	Blüte	Ⓕ	
12	So	♒	Blüte	Ⓕ	
13	Mo	♓	Blatt	Ⓚ	
14	Di	♓	Blatt	Ⓚ	
15	Mi	♈	Frucht	Ⓔ	
16	Do	♈	Frucht	Ⓔ	☾
17	Fr	♈	Frucht	Ⓔ	
18	Sa	♉	Wurzel	Ⓢ	
19	So	♉	Wurzel	Ⓢ	
20	Mo	♊	Blüte	Ⓕ	
21	Di	♊	Blüte	Ⓕ	
22	Mi	♋	Blatt	Ⓚ	
23	Do	♋	Blatt	Ⓚ	●
24	Fr	♌	Frucht	Ⓔ	
25	Sa	♌	Frucht	Ⓔ	
26	So	♍	Wurzel	Ⓢ	
27	Mo	♍	Wurzel	Ⓢ	
28	Di	♍	Wurzel	Ⓢ	
29	Mi	♎	Blüte	Ⓕ	
30	Do	♎	Blüte	Ⓕ	
31	Fr	♏	Blatt	Ⓚ	☽

August

1	Sa	♏	Blatt	Ⓚ	
2	So	♏	Blatt	Ⓚ	
3	Mo	♐	Frucht	Ⓔ	
4	Di	♐	Frucht	Ⓔ	
5	Mi	♑	Wurzel	Ⓢ	
6	Do	♑	Wurzel	Ⓢ	
7	Fr	♒	Blüte	Ⓕ	
8	Sa	♒	Blüte	Ⓕ	○
9	So	♒	Blüte	Ⓕ	
10	Mo	♓	Blatt	Ⓚ	
11	Di	♓	Blatt	Ⓚ	
12	Mi	♈	Frucht	Ⓔ	
13	Do	♈	Frucht	Ⓔ	
14	Fr	♉	Wurzel	Ⓢ	☾
15	Sa	♉	Wurzel	Ⓢ	
16	So	♊	Blüte	Ⓕ	
17	Mo	♊	Blüte	Ⓕ	
18	Di	♋	Blatt	Ⓚ	
19	Mi	♋	Blatt	Ⓚ	
20	Do	♌	Frucht	Ⓔ	
21	Fr	♌	Frucht	Ⓔ	
22	Sa	♌	Frucht	Ⓔ	●
23	So	♍	Wurzel	Ⓢ	
24	Mo	♍	Wurzel	Ⓢ	
25	Di	♎	Blüte	Ⓕ	
26	Mi	♎	Blüte	Ⓕ	
27	Do	♎	Blüte	Ⓕ	
28	Fr	♏	Blatt	Ⓚ	
29	Sa	♏	Blatt	Ⓚ	
30	So	♐	Frucht	Ⓔ	☽
31	Mo	♐	Frucht	Ⓔ	

September

1	Di	♐	Frucht	Ⓔ	
2	Mi	♑	Wurzel	Ⓢ	
3	Do	♑	Wurzel	Ⓢ	
4	Fr	♒	Blüte	Ⓕ	
5	Sa	♒	Blüte	Ⓕ	
6	So	♓	Blatt	Ⓚ	○
7	Mo	♓	Blatt	Ⓚ	
8	Di	♈	Frucht	Ⓔ	
9	Mi	♈	Frucht	Ⓔ	
10	Do	♉	Wurzel	Ⓢ	
11	Fr	♉	Wurzel	Ⓢ	
12	Sa	♊	Blüte	Ⓕ	
13	So	♊	Blüte	Ⓕ	☾
14	Mo	♋	Blatt	Ⓚ	
15	Di	♋	Blatt	Ⓚ	
16	Mi	♋	Blatt	Ⓚ	
17	Do	♌	Frucht	Ⓔ	
18	Fr	♌	Frucht	Ⓔ	
19	Sa	♍	Wurzel	Ⓢ	
20	So	♍	Wurzel	Ⓢ	●
21	Mo	♎	Blüte	Ⓕ	
22	Di	♎	Blüte	Ⓕ	
23	Mi	♎	Blüte	Ⓕ	
24	Do	♏	Blatt	Ⓚ	
25	Fr	♏	Blatt	Ⓚ	
26	Sa	♐	Frucht	Ⓔ	
27	So	♐	Frucht	Ⓔ	
28	Mo	♐	Frucht	Ⓔ	☽
29	Di	♑	Wurzel	Ⓢ	
30	Mi	♑	Wurzel	Ⓢ	

Oktober

1	Do	♒	Blüte	Ⓕ	
2	Fr	♒	Blüte	Ⓕ	
3	Sa	♓	Blatt	Ⓚ	
4	So	♓	Blatt	Ⓚ	
5	Mo	♈	Frucht	Ⓔ	○
6	Di	♈	Frucht	Ⓔ	
7	Mi	♉	Wurzel	Ⓢ	
8	Do	♉	Wurzel	Ⓢ	
9	Fr	♊	Blüte	Ⓕ	
10	Sa	♊	Blüte	Ⓕ	
11	So	♊	Blüte	Ⓕ	
12	Mo	♋	Blatt	Ⓚ	☾
13	Di	♋	Blatt	Ⓚ	
14	Mi	♌	Frucht	Ⓔ	
15	Do	♌	Frucht	Ⓔ	
16	Fr	♍	Wurzel	Ⓢ	
17	Sa	♍	Wurzel	Ⓢ	
18	So	♍	Wurzel	Ⓢ	
19	Mo	♎	Blüte	Ⓕ	
20	Di	♎	Blüte	Ⓕ	●
21	Mi	♏	Blatt	Ⓚ	
22	Do	♏	Blatt	Ⓚ	
23	Fr	♏	Blatt	Ⓚ	
24	Sa	♐	Frucht	Ⓔ	
25	So	♐	Frucht	Ⓔ	
26	Mo	♑	Wurzel	Ⓢ	
27	Di	♑	Wurzel	Ⓢ	
28	Mi	♑	Wurzel	Ⓢ	☽
29	Do	♒	Blüte	Ⓕ	
30	Fr	♒	Blüte	Ⓕ	
31	Sa	♓	Blatt	Ⓚ	

November

1	So	♓	Blatt	Ⓚ	○
2	Mo	♈	Frucht	Ⓔ	
3	Di	♈	Frucht	Ⓔ	
4	Mi	♉	Wurzel	Ⓢ	
5	Do	♉	Wurzel	Ⓢ	
6	Fr	♊	Blüte	Ⓕ	
7	Sa	♊	Blüte	Ⓕ	
8	So	♋	Blatt	Ⓚ	
9	Mo	♋	Blatt	Ⓚ	
10	Di	♌	Frucht	Ⓔ	
11	Mi	♌	Frucht	Ⓔ	☾
12	Do	♍	Wurzel	Ⓢ	
13	Fr	♍	Wurzel	Ⓢ	
14	Sa	♍	Wurzel	Ⓢ	
15	So	♎	Blüte	Ⓕ	
16	Mo	♎	Blüte	Ⓕ	
17	Di	♏	Blatt	Ⓚ	
18	Mi	♏	Blatt	Ⓚ	
19	Do	♏	Blatt	Ⓚ	●
20	Fr	♐	Frucht	Ⓔ	
21	Sa	♐	Frucht	Ⓔ	
22	So	♑	Wurzel	Ⓢ	
23	Mo	♑	Wurzel	Ⓢ	
24	Di	♑	Wurzel	Ⓢ	
25	Mi	♒	Blüte	Ⓕ	
26	Do	♒	Blüte	Ⓕ	
27	Fr	♓	Blatt	Ⓚ	☽
28	Sa	♓	Blatt	Ⓚ	
29	So	♈	Frucht	Ⓔ	
30	Mo	♈	Frucht	Ⓔ	

Dezember

1	Di	♉	Wurzel	Ⓢ	
2	Mi	♉	Wurzel	Ⓢ	
3	Do	♊	Blüte	Ⓕ	○
4	Fr	♊	Blüte	Ⓕ	
5	Sa	♋	Blatt	Ⓚ	
6	So	♋	Blatt	Ⓚ	
7	Mo	♌	Frucht	Ⓔ	
8	Di	♌	Frucht	Ⓔ	
9	Mi	♌	Frucht	Ⓔ	
10	Do	♍	Wurzel	Ⓢ	☾
11	Fr	♍	Wurzel	Ⓢ	
12	Sa	♎	Blüte	Ⓕ	
13	So	♎	Blüte	Ⓕ	
14	Mo	♎	Blüte	Ⓕ	
15	Di	♏	Blatt	Ⓚ	
16	Mi	♏	Blatt	Ⓚ	
17	Do	♐	Frucht	Ⓔ	
18	Fr	♐	Frucht	Ⓔ	●
19	Sa	♐	Frucht	Ⓔ	
20	So	♑	Wurzel	Ⓢ	
21	Mo	♑	Wurzel	Ⓢ	
22	Di	♒	Blüte	Ⓕ	
23	Mi	♒	Blüte	Ⓕ	
24	Do	♓	Blatt	Ⓚ	
25	Fr	♓	Blatt	Ⓚ	
26	Sa	♓	Blatt	Ⓚ	☽
27	So	♈	Frucht	Ⓔ	
28	Mo	♈	Frucht	Ⓔ	
29	Di	♉	Wurzel	Ⓢ	
30	Mi	♉	Wurzel	Ⓢ	
31	Do	♊	Blüte	Ⓕ	

Januar

1	Fr	♊	Blüte	Ⓕ	
2	Sa	♋	Blatt	Ⓚ	○
3	So	♋	Blatt	Ⓚ	
4	Mo	♌	Frucht	Ⓔ	
5	Di	♌	Frucht	Ⓔ	
6	Mi	♍	Wurzel	Ⓢ	
7	Do	♍	Wurzel	Ⓢ	
8	Fr	♍	Wurzel	Ⓢ	
9	Sa	♎	Blüte	Ⓕ	☾
10	So	♎	Blüte	Ⓕ	
11	Mo	♏	Blatt	Ⓚ	
12	Di	♏	Blatt	Ⓚ	
13	Mi	♏	Blatt	Ⓚ	
14	Do	♐	Frucht	Ⓔ	
15	Fr	♐	Frucht	Ⓔ	
16	Sa	♑	Wurzel	Ⓢ	
17	So	♑	Wurzel	Ⓢ	●
18	Mo	♒	Blüte	Ⓕ	
19	Di	♒	Blüte	Ⓕ	
20	Mi	♒	Blüte	Ⓕ	
21	Do	♓	Blatt	Ⓚ	
22	Fr	♓	Blatt	Ⓚ	
23	Sa	♈	Frucht	Ⓔ	
24	So	♈	Frucht	Ⓔ	☽
25	Mo	♉	Wurzel	Ⓢ	
26	Di	♉	Wurzel	Ⓢ	
27	Mi	♊	Blüte	Ⓕ	
28	Do	♊	Blüte	Ⓕ	
29	Fr	♋	Blatt	Ⓚ	
30	Sa	♋	Blatt	Ⓚ	
31	So	♌	Frucht	Ⓔ	○

Februar

1	Mo	♌	Frucht	Ⓔ	
2	Di	♌	Frucht	Ⓔ	
3	Mi	♍	Wurzel	Ⓢ	
4	Do	♍	Wurzel	Ⓢ	
5	Fr	♎	Blüte	Ⓕ	
6	Sa	♎	Blüte	Ⓕ	
7	So	♏	Blatt	Ⓚ	
8	Mo	♏	Blatt	Ⓚ	☾
9	Di	♏	Blatt	Ⓚ	
10	Mi	♐	Frucht	Ⓔ	
11	Do	♐	Frucht	Ⓔ	
12	Fr	♑	Wurzel	Ⓢ	
13	Sa	♑	Wurzel	Ⓢ	
14	So	♑	Wurzel	Ⓢ	
15	Mo	♒	Blüte	Ⓕ	
16	Di	♒	Blüte	Ⓕ	●
17	Mi	♓	Blatt	Ⓚ	
18	Do	♓	Blatt	Ⓚ	
19	Fr	♈	Frucht	Ⓔ	
20	Sa	♈	Frucht	Ⓔ	
21	So	♉	Wurzel	Ⓢ	
22	Mo	♉	Wurzel	Ⓢ	
23	Di	♊	Blüte	Ⓕ	☽
24	Mi	♊	Blüte	Ⓕ	
25	Do	♋	Blatt	Ⓚ	
26	Fr	♋	Blatt	Ⓚ	
27	Sa	♋	Blatt	Ⓚ	
28	So	♌	Frucht	Ⓔ	

März

1	Mo	♌	Frucht	Ⓔ	
2	Di	♍	Wurzel	Ⓢ	○
3	Mi	♍	Wurzel	Ⓢ	
4	Do	♎	Blüte	Ⓕ	
5	Fr	♎	Blüte	Ⓕ	
6	Sa	♎	Blüte	Ⓕ	
7	So	♏	Blatt	Ⓚ	
8	Mo	♏	Blatt	Ⓚ	
9	Di	♐	Frucht	Ⓔ	
10	Mi	♐	Frucht	Ⓔ	☾
11	Do	♐	Frucht	Ⓔ	
12	Fr	♑	Wurzel	Ⓢ	
13	Sa	♑	Wurzel	Ⓢ	
14	So	♒	Blüte	Ⓕ	
15	Mo	♒	Blüte	Ⓕ	
16	Di	♓	Blatt	Ⓚ	
17	Mi	♓	Blatt	Ⓚ	●
18	Do	♓	Blatt	Ⓚ	
19	Fr	♈	Frucht	Ⓔ	
20	Sa	♈	Frucht	Ⓔ	
21	So	♉	Wurzel	Ⓢ	
22	Mo	♉	Wurzel	Ⓢ	
23	Di	♊	Blüte	Ⓕ	
24	Mi	♊	Blüte	Ⓕ	☽
25	Do	♋	Blatt	Ⓚ	
26	Fr	♋	Blatt	Ⓚ	
27	Sa	♌	Frucht	Ⓔ	
28	So	♌	Frucht	Ⓔ	
29	Mo	♍	Wurzel	Ⓢ	
30	Di	♍	Wurzel	Ⓢ	
31	Mi	♍	Wurzel	Ⓢ	○

April					
1	Do	♎	Blüte	Ⓕ	
2	Fr	♎	Blüte	Ⓕ	
3	Sa	♏	Blatt	Ⓚ	
4	So	♏	Blatt	Ⓚ	
5	Mo	♏	Blatt	Ⓚ	
6	Di	♐	Frucht	Ⓔ	
7	Mi	♐	Frucht	Ⓔ	
8	Do	♑	Wurzel	Ⓢ	
9	Fr	♑	Wurzel	Ⓢ	☾
10	Sa	♑	Wurzel	Ⓢ	
11	So	♒	Blüte	Ⓕ	
12	Mo	♒	Blüte	Ⓕ	
13	Di	♓	Blatt	Ⓚ	
14	Mi	♓	Blatt	Ⓚ	
15	Do	♈	Frucht	Ⓔ	
16	Fr	♈	Frucht	Ⓔ	●
17	Sa	♉	Wurzel	Ⓢ	
18	So	♉	Wurzel	Ⓢ	
19	Mo	♊	Blüte	Ⓕ	
20	Di	♊	Blüte	Ⓕ	
21	Mi	♋	Blatt	Ⓚ	
22	Do	♋	Blatt	Ⓚ	☽
23	Fr	♌	Frucht	Ⓔ	
24	Sa	♌	Frucht	Ⓔ	
25	So	♍	Wurzel	Ⓢ	
26	Mo	♍	Wurzel	Ⓢ	
27	Di	♍	Wurzel	Ⓢ	
28	Mi	♎	Blüte	Ⓕ	
29	Do	♎	Blüte	Ⓕ	
30	Fr	♏	Blatt	Ⓚ	○

Mai					
1	Sa	♏	Blatt	Ⓚ	
2	So	♏	Blatt	Ⓚ	
3	Mo	♐	Frucht	Ⓔ	
4	Di	♐	Frucht	Ⓔ	
5	Mi	♑	Wurzel	Ⓢ	
6	Do	♑	Wurzel	Ⓢ	
7	Fr	♑	Wurzel	Ⓢ	
8	Sa	♒	Blüte	Ⓕ	☾
9	So	♒	Blüte	Ⓕ	
10	Mo	♓	Blatt	Ⓚ	
11	Di	♓	Blatt	Ⓚ	
12	Mi	♈	Frucht	Ⓔ	
13	Do	♈	Frucht	Ⓔ	
14	Fr	♉	Wurzel	Ⓢ	
15	Sa	♉	Wurzel	Ⓢ	●
16	So	♊	Blüte	Ⓕ	
17	Mo	♊	Blüte	Ⓕ	
18	Di	♋	Blatt	Ⓚ	
19	Mi	♋	Blatt	Ⓚ	
20	Do	♌	Frucht	Ⓔ	
21	Fr	♌	Frucht	Ⓔ	
22	Sa	♌	Frucht	Ⓔ	☽
23	So	♍	Wurzel	Ⓢ	
24	Mo	♍	Wurzel	Ⓢ	
25	Di	♎	Blüte	Ⓕ	
26	Mi	♎	Blüte	Ⓕ	
27	Do	♎	Blüte	Ⓕ	
28	Fr	♏	Blatt	Ⓚ	
29	Sa	♏	Blatt	Ⓚ	
30	So	♐	Frucht	Ⓔ	○
31	Mo	♐	Frucht	Ⓔ	

Juni					
1	Di	♐	Frucht	Ⓔ	
2	Mi	♑	Wurzel	Ⓢ	
3	Do	♑	Wurzel	Ⓢ	
4	Fr	♒	Blüte	Ⓕ	
5	Sa	♒	Blüte	Ⓕ	
6	So	♓	Blatt	Ⓚ	
7	Mo	♓	Blatt	Ⓚ	☾
8	Di	♓	Blatt	Ⓚ	
9	Mi	♈	Frucht	Ⓔ	
10	Do	♈	Frucht	Ⓔ	
11	Fr	♉	Wurzel	Ⓢ	
12	Sa	♉	Wurzel	Ⓢ	
13	So	♊	Blüte	Ⓕ	●
14	Mo	♊	Blüte	Ⓕ	
15	Di	♋	Blatt	Ⓚ	
16	Mi	♋	Blatt	Ⓚ	
17	Do	♌	Frucht	Ⓔ	
18	Fr	♌	Frucht	Ⓔ	
19	Sa	♍	Wurzel	Ⓢ	
20	So	♍	Wurzel	Ⓢ	☽
21	Mo	♎	Blüte	Ⓕ	
22	Di	♎	Blüte	Ⓕ	
23	Mi	♎	Blüte	Ⓕ	
24	Do	♏	Blatt	Ⓚ	
25	Fr	♏	Blatt	Ⓚ	
26	Sa	♐	Frucht	Ⓔ	
27	So	♐	Frucht	Ⓔ	
28	Mo	♐	Frucht	Ⓔ	○
29	Di	♑	Wurzel	Ⓢ	
30	Mi	♑	Wurzel	Ⓢ	

Juli

1	Do	Blüte	Ⓕ	
2	Fr	Blüte	Ⓕ	
3	Sa	Blüte	Ⓕ	
4	So	Blatt	Ⓚ	
5	Mo	Blatt	Ⓚ	
6	Di	Frucht	Ⓔ	☾
7	Mi	Frucht	Ⓔ	
8	Do	Wurzel	Ⓢ	
9	Fr	Wurzel	Ⓢ	
10	Sa	Blüte	Ⓕ	
11	So	Blüte	Ⓕ	
12	Mo	Blatt	Ⓚ	
13	Di	Blatt	Ⓚ	●
14	Mi	Frucht	Ⓔ	
15	Do	Frucht	Ⓔ	
16	Fr	Wurzel	Ⓢ	
17	Sa	Wurzel	Ⓢ	
18	So	Wurzel	Ⓢ	
19	Mo	Blüte	Ⓕ	
20	Di	Blüte	Ⓕ	☽
21	Mi	Blatt	Ⓚ	
22	Do	Blatt	Ⓚ	
23	Fr	Blatt	Ⓚ	
24	Sa	Frucht	Ⓔ	
25	So	Frucht	Ⓔ	
26	Mo	Wurzel	Ⓢ	
27	Di	Wurzel	Ⓢ	
28	Mi	Wurzel	Ⓢ	○
29	Do	Blüte	Ⓕ	
30	Fr	Blüte	Ⓕ	
31	Sa	Blatt	Ⓚ	

August

1	So	Blatt	Ⓚ	
2	Mo	Frucht	Ⓔ	
3	Di	Frucht	Ⓔ	
4	Mi	Wurzel	Ⓢ	☾
5	Do	Wurzel	Ⓢ	
6	Fr	Blüte	Ⓕ	
7	Sa	Blüte	Ⓕ	
8	So	Blüte	Ⓕ	
9	Mo	Blatt	Ⓚ	
10	Di	Blatt	Ⓚ	
11	Mi	Frucht	Ⓔ	●
12	Do	Frucht	Ⓔ	
13	Fr	Wurzel	Ⓢ	
14	Sa	Wurzel	Ⓢ	
15	So	Blüte	Ⓕ	
16	Mo	Blüte	Ⓕ	
17	Di	Blatt	Ⓚ	
18	Mi	Blatt	Ⓚ	
19	Do	Blatt	Ⓚ	☽
20	Fr	Frucht	Ⓔ	
21	Sa	Frucht	Ⓔ	
22	So	Wurzel	Ⓢ	
23	Mo	Wurzel	Ⓢ	
24	Di	Wurzel	Ⓢ	
25	Mi	Blüte	Ⓕ	
26	Do	Blüte	Ⓕ	○
27	Fr	Blatt	Ⓚ	
28	Sa	Blatt	Ⓚ	
29	So	Frucht	Ⓔ	
30	Mo	Frucht	Ⓔ	
31	Di	Frucht	Ⓔ	

September

1	Mi	Wurzel	Ⓢ	
2	Do	Wurzel	Ⓢ	☾
3	Fr	Blüte	Ⓕ	
4	Sa	Blüte	Ⓕ	
5	So	Blatt	Ⓚ	
6	Mo	Blatt	Ⓚ	
7	Di	Frucht	Ⓔ	
8	Mi	Frucht	Ⓔ	
9	Do	Wurzel	Ⓢ	●
10	Fr	Wurzel	Ⓢ	
11	Sa	Blüte	Ⓕ	
12	So	Blüte	Ⓕ	
13	Mo	Blüte	Ⓕ	
14	Di	Blatt	Ⓚ	
15	Mi	Blatt	Ⓚ	
16	Do	Frucht	Ⓔ	
17	Fr	Frucht	Ⓔ	☽
18	Sa	Frucht	Ⓔ	
19	So	Wurzel	Ⓢ	
20	Mo	Wurzel	Ⓢ	
21	Di	Blüte	Ⓕ	
22	Mi	Blüte	Ⓕ	
23	Do	Blüte	Ⓕ	
24	Fr	Blatt	Ⓚ	
25	Sa	Blatt	Ⓚ	○
26	So	Frucht	Ⓔ	
27	Mo	Frucht	Ⓔ	
28	Di	Wurzel	Ⓢ	
29	Mi	Wurzel	Ⓢ	
30	Do	Blüte	Ⓕ	

Oktober					
1	Fr	♊	Blüte	Ⓕ	
2	Sa	♋	Blatt	Ⓚ	☾
3	So	♋	Blatt	Ⓚ	
4	Mo	♌	Frucht	Ⓔ	
5	Di	♌	Frucht	Ⓔ	
6	Mi	♍	Wurzel	Ⓢ	
7	Do	♍	Wurzel	Ⓢ	
8	Fr	♍	Wurzel	Ⓢ	
9	Sa	♎	Blüte	Ⓕ	●
10	So	♎	Blüte	Ⓕ	
11	Mo	♏	Blatt	Ⓚ	
12	Di	♏	Blatt	Ⓚ	
13	Mi	♏	Blatt	Ⓚ	
14	Do	♐	Frucht	Ⓔ	
15	Fr	♐	Frucht	Ⓔ	
16	Sa	♑	Wurzel	Ⓢ	
17	So	♑	Wurzel	Ⓢ	☽
18	Mo	♑	Wurzel	Ⓢ	
19	Di	♒	Blüte	Ⓕ	
20	Mi	♒	Blüte	Ⓕ	
21	Do	♓	Blatt	Ⓚ	
22	Fr	♓	Blatt	Ⓚ	
23	Sa	♈	Frucht	Ⓔ	
24	So	♈	Frucht	Ⓔ	○
25	Mo	♉	Wurzel	Ⓢ	
26	Di	♉	Wurzel	Ⓢ	
27	Mi	♊	Blüte	Ⓕ	
28	Do	♊	Blüte	Ⓕ	
29	Fr	♋	Blatt	Ⓚ	
30	Sa	♋	Blatt	Ⓚ	
31	So	♌	Frucht	Ⓔ	☾

November					
1	Mo	♌	Frucht	Ⓔ	
2	Di	♌	Frucht	Ⓔ	
3	Mi	♍	Wurzel	Ⓢ	
4	Do	♍	Wurzel	Ⓢ	
5	Fr	♎	Blüte	Ⓕ	
6	Sa	♎	Blüte	Ⓕ	
7	So	♏	Blatt	Ⓚ	
8	Mo	♏	Blatt	Ⓚ	●
9	Di	♏	Blatt	Ⓚ	
10	Mi	♐	Frucht	Ⓔ	
11	Do	♐	Frucht	Ⓔ	
12	Fr	♑	Wurzel	Ⓢ	
13	Sa	♑	Wurzel	Ⓢ	
14	So	♑	Wurzel	Ⓢ	
15	Mo	♒	Blüte	Ⓕ	
16	Di	♒	Blüte	Ⓕ	☽
17	Mi	♓	Blatt	Ⓚ	
18	Do	♓	Blatt	Ⓚ	
19	Fr	♓	Blatt	Ⓚ	
20	Sa	♈	Frucht	Ⓔ	
21	So	♈	Frucht	Ⓔ	
22	Mo	♉	Wurzel	Ⓢ	
23	Di	♉	Wurzel	Ⓢ	○
24	Mi	♊	Blüte	Ⓕ	
25	Do	♊	Blüte	Ⓕ	
26	Fr	♋	Blatt	Ⓚ	
27	Sa	♋	Blatt	Ⓚ	
28	So	♌	Frucht	Ⓔ	
29	Mo	♌	Frucht	Ⓔ	☾
30	Di	♍	Wurzel	Ⓢ	

Dezember					
1	Mi	♍	Wurzel	Ⓢ	
2	Do	♎	Blüte	Ⓕ	
3	Fr	♎	Blüte	Ⓕ	
4	Sa	♎	Blüte	Ⓕ	
5	So	♏	Blatt	Ⓚ	
6	Mo	♏	Blatt	Ⓚ	
7	Di	♐	Frucht	Ⓔ	●
8	Mi	♐	Frucht	Ⓔ	
9	Do	♐	Frucht	Ⓔ	
10	Fr	♑	Wurzel	Ⓢ	
11	Sa	♑	Wurzel	Ⓢ	
12	So	♒	Blüte	Ⓕ	
13	Mo	♒	Blüte	Ⓕ	
14	Di	♒	Blüte	Ⓕ	
15	Mi	♓	Blatt	Ⓚ	
16	Do	♓	Blatt	Ⓚ	☽
17	Fr	♈	Frucht	Ⓔ	
18	Sa	♈	Frucht	Ⓔ	
19	So	♉	Wurzel	Ⓢ	
20	Mo	♉	Wurzel	Ⓢ	
21	Di	♊	Blüte	Ⓕ	
22	Mi	♊	Blüte	Ⓕ	○
23	Do	♋	Blatt	Ⓚ	
24	Fr	♋	Blatt	Ⓚ	
25	Sa	♌	Frucht	Ⓔ	
26	So	♌	Frucht	Ⓔ	
27	Mo	♍	Wurzel	Ⓢ	
28	Di	♍	Wurzel	Ⓢ	
29	Mi	♍	Wurzel	Ⓢ	☾
30	Do	♎	Blüte	Ⓕ	
31	Fr	♎	Blüte	Ⓕ	

Januar				
1	Sa	Blatt	Ⓚ	
2	So	Blatt	Ⓚ	
3	Mo	Frucht	Ⓔ	
4	Di	Frucht	Ⓔ	
5	Mi	Frucht	Ⓔ	
6	Do	Wurzel	Ⓢ	●
7	Fr	Wurzel	Ⓢ	
8	Sa	Blüte	Ⓕ	
9	So	Blüte	Ⓕ	
10	Mo	Blüte	Ⓕ	
11	Di	Blatt	Ⓚ	
12	Mi	Blatt	Ⓚ	
13	Do	Frucht	Ⓔ	
14	Fr	Frucht	Ⓔ	☽
15	Sa	Frucht	Ⓔ	
16	So	Wurzel	Ⓢ	
17	Mo	Wurzel	Ⓢ	
18	Di	Blüte	Ⓕ	
19	Mi	Blüte	Ⓕ	
20	Do	Blatt	Ⓚ	
21	Fr	Blatt	Ⓚ	○
22	Sa	Frucht	Ⓔ	
23	So	Frucht	Ⓔ	
24	Mo	Wurzel	Ⓢ	
25	Di	Wurzel	Ⓢ	
26	Mi	Blüte	Ⓕ	
27	Do	Blüte	Ⓕ	
28	Fr	Blatt	Ⓚ	☾
29	Sa	Blatt	Ⓚ	
30	So	Blatt	Ⓚ	
31	Mo	Frucht	Ⓔ	

Februar				
1	Di	Frucht	Ⓔ	
2	Mi	Wurzel	Ⓢ	
3	Do	Wurzel	Ⓢ	
4	Fr	Wurzel	Ⓢ	
5	Sa	Blüte	Ⓕ	●
6	So	Blüte	Ⓕ	
7	Mo	Blatt	Ⓚ	
8	Di	Blatt	Ⓚ	
9	Mi	Blatt	Ⓚ	
10	Do	Frucht	Ⓔ	
11	Fr	Frucht	Ⓔ	
12	Sa	Wurzel	Ⓢ	☽
13	So	Wurzel	Ⓢ	
14	Mo	Blüte	Ⓕ	
15	Di	Blüte	Ⓕ	
16	Mi	Blatt	Ⓚ	
17	Do	Blatt	Ⓚ	
18	Fr	Frucht	Ⓔ	
19	Sa	Frucht	Ⓔ	○
20	So	Wurzel	Ⓢ	
21	Mo	Wurzel	Ⓢ	
22	Di	Blüte	Ⓕ	
23	Mi	Blüte	Ⓕ	
24	Do	Blüte	Ⓕ	
25	Fr	Blatt	Ⓚ	
26	Sa	Blatt	Ⓚ	☾
27	So	Frucht	Ⓔ	
28	Mo	Frucht	Ⓔ	
29	Di	Frucht	Ⓔ	

März				
1	Mi	Wurzel	Ⓢ	
2	Do	Wurzel	Ⓢ	
3	Fr	Blüte	Ⓕ	
4	Sa	Blüte	Ⓕ	
5	So	Blatt	Ⓚ	
6	Mo	Blatt	Ⓚ	●
7	Di	Blatt	Ⓚ	
8	Mi	Frucht	Ⓔ	
9	Do	Frucht	Ⓔ	
10	Fr	Wurzel	Ⓢ	
11	Sa	Wurzel	Ⓢ	
12	So	Blüte	Ⓕ	
13	Mo	Blüte	Ⓕ	☽
14	Di	Blatt	Ⓚ	
15	Mi	Blatt	Ⓚ	
16	Do	Frucht	Ⓔ	
17	Fr	Frucht	Ⓔ	
18	Sa	Frucht	Ⓔ	
19	So	Wurzel	Ⓢ	
20	Mo	Wurzel	Ⓢ	○
21	Di	Blüte	Ⓕ	
22	Mi	Blüte	Ⓕ	
23	Do	Blatt	Ⓚ	
24	Fr	Blatt	Ⓚ	
25	Sa	Frucht	Ⓔ	
26	So	Frucht	Ⓔ	
27	Mo	Frucht	Ⓔ	☾
28	Di	Wurzel	Ⓢ	
29	Mi	Wurzel	Ⓢ	
30	Do	Blüte	Ⓕ	
31	Fr	Blüte	Ⓕ	

April

1	Sa	♒	Blüte	Ⓕ	
2	So	♓	Blatt	Ⓚ	
3	Mo	♓	Blatt	Ⓚ	
4	Di	♈	Frucht	Ⓔ	●
5	Mi	♈	Frucht	Ⓔ	
6	Do	♉	Wurzel	Ⓢ	
7	Fr	♉	Wurzel	Ⓢ	
8	Sa	♊	Blüte	Ⓕ	
9	So	♊	Blüte	Ⓕ	
10	Mo	♊	Blüte	Ⓕ	
11	Di	♋	Blatt	Ⓚ	
12	Mi	♋	Blatt	Ⓚ	☽
13	Do	♌	Frucht	Ⓔ	
14	Fr	♌	Frucht	Ⓔ	
15	Sa	♍	Wurzel	Ⓢ	
16	So	♍	Wurzel	Ⓢ	
17	Mo	♎	Blüte	Ⓕ	
18	Di	♎	Blüte	Ⓕ	○
19	Mi	♏	Blatt	Ⓚ	
20	Do	♏	Blatt	Ⓚ	
21	Fr	♏	Blatt	Ⓚ	
22	Sa	♐	Frucht	Ⓔ	
23	So	♐	Frucht	Ⓔ	
24	Mo	♑	Wurzel	Ⓢ	
25	Di	♑	Wurzel	Ⓢ	
26	Mi	♑	Wurzel	Ⓢ	☾
27	Do	♒	Blüte	Ⓕ	
28	Fr	♒	Blüte	Ⓕ	
29	Sa	♓	Blatt	Ⓚ	
30	So	♓	Blatt	Ⓚ	

Mai

1	Mo	♓	Blatt	Ⓚ	
2	Di	♈	Frucht	Ⓔ	
3	Mi	♈	Frucht	Ⓔ	
4	Do	♉	Wurzel	Ⓢ	●
5	Fr	♉	Wurzel	Ⓢ	
6	Sa	♊	Blüte	Ⓕ	
7	So	♊	Blüte	Ⓕ	
8	Mo	♋	Blatt	Ⓚ	
9	Di	♋	Blatt	Ⓚ	
10	Mi	♌	Frucht	Ⓔ	
11	Do	♌	Frucht	Ⓔ	☽
12	Fr	♍	Wurzel	Ⓢ	
13	Sa	♍	Wurzel	Ⓢ	
14	So	♎	Blüte	Ⓕ	
15	Mo	♎	Blüte	Ⓕ	
16	Di	♎	Blüte	Ⓕ	
17	Mi	♏	Blatt	Ⓚ	
18	Do	♏	Blatt	Ⓚ	○
19	Fr	♐	Frucht	Ⓔ	
20	Sa	♐	Frucht	Ⓔ	
21	So	♐	Frucht	Ⓔ	
22	Mo	♑	Wurzel	Ⓢ	
23	Di	♑	Wurzel	Ⓢ	
24	Mi	♒	Blüte	Ⓕ	
25	Do	♒	Blüte	Ⓕ	
26	Fr	♒	Blüte	Ⓕ	
27	Sa	♓	Blatt	Ⓚ	☾
28	So	♓	Blatt	Ⓚ	
29	Mo	♈	Frucht	Ⓔ	
30	Di	♈	Frucht	Ⓔ	
31	Mi	♉	Wurzel	Ⓢ	

Juni

1	Do	♉	Wurzel	Ⓢ	
2	Fr	♊	Blüte	Ⓕ	●
3	Sa	♊	Blüte	Ⓕ	
4	So	♋	Blatt	Ⓚ	
5	Mo	♋	Blatt	Ⓚ	
6	Di	♌	Frucht	Ⓔ	
7	Mi	♌	Frucht	Ⓔ	
8	Do	♍	Wurzel	Ⓢ	
9	Fr	♍	Wurzel	Ⓢ	☽
10	Sa	♎	Blüte	Ⓕ	
11	So	♎	Blüte	Ⓕ	
12	Mo	♎	Blüte	Ⓕ	
13	Di	♏	Blatt	Ⓚ	
14	Mi	♏	Blatt	Ⓚ	
15	Do	♐	Frucht	Ⓔ	
16	Fr	♐	Frucht	Ⓔ	○
17	Sa	♐	Frucht	Ⓔ	
18	So	♑	Wurzel	Ⓢ	
19	Mo	♑	Wurzel	Ⓢ	
20	Di	♒	Blüte	Ⓕ	
21	Mi	♒	Blüte	Ⓕ	
22	Do	♒	Blüte	Ⓕ	
23	Fr	♓	Blatt	Ⓚ	
24	Sa	♓	Blatt	Ⓚ	
25	So	♈	Frucht	Ⓔ	☾
26	Mo	♈	Frucht	Ⓔ	
27	Di	♈	Frucht	Ⓔ	
28	Mi	♉	Wurzel	Ⓢ	
29	Do	♉	Wurzel	Ⓢ	
30	Fr	♊	Blüte	Ⓕ	

Juli					
1	Sa	♊	Blüte	Ⓕ	●
2	So	♋	Blatt	Ⓚ	
3	Mo	♋	Blatt	Ⓚ	
4	Di	♌	Frucht	Ⓔ	
5	Mi	♌	Frucht	Ⓔ	
6	Do	♍	Wurzel	Ⓢ	
7	Fr	♍	Wurzel	Ⓢ	
8	Sa	♎	Blüte	Ⓕ	
9	So	♎	Blüte	Ⓕ	☽
10	Mo	♏	Blatt	Ⓚ	
11	Di	♏	Blatt	Ⓚ	
12	Mi	♏	Blatt	Ⓚ	
13	Do	♐	Frucht	Ⓔ	
14	Fr	♐	Frucht	Ⓔ	
15	Sa	♑	Wurzel	Ⓢ	
16	So	♑	Wurzel	Ⓢ	○
17	Mo	♑	Wurzel	Ⓢ	
18	Di	♒	Blüte	Ⓕ	
19	Mi	♒	Blüte	Ⓕ	
20	Do	♓	Blatt	Ⓚ	
21	Fr	♓	Blatt	Ⓚ	
22	Sa	♓	Blatt	Ⓚ	
23	So	♈	Frucht	Ⓔ	
24	Mo	♈	Frucht	Ⓔ	
25	Di	♉	Wurzel	Ⓢ	☾
26	Mi	♉	Wurzel	Ⓢ	
27	Do	♊	Blüte	Ⓕ	
28	Fr	♊	Blüte	Ⓕ	
29	Sa	♋	Blatt	Ⓚ	
30	So	♋	Blatt	Ⓚ	
31	Mo	♌	Frucht	Ⓔ	●

August					
1	Di	♌	Frucht	Ⓔ	
2	Mi	♍	Wurzel	Ⓢ	
3	Do	♍	Wurzel	Ⓢ	
4	Fr	♎	Blüte	Ⓕ	
5	Sa	♎	Blüte	Ⓕ	
6	So	♏	Blatt	Ⓚ	
7	Mo	♏	Blatt	Ⓚ	
8	Di	♏	Blatt	Ⓚ	☽
9	Mi	♐	Frucht	Ⓔ	
10	Do	♐	Frucht	Ⓔ	
11	Fr	♑	Wurzel	Ⓢ	
12	Sa	♑	Wurzel	Ⓢ	
13	So	♑	Wurzel	Ⓢ	
14	Mo	♒	Blüte	Ⓕ	
15	Di	♒	Blüte	Ⓕ	○
16	Mi	♓	Blatt	Ⓚ	
17	Do	♓	Blatt	Ⓚ	
18	Fr	♓	Blatt	Ⓚ	
19	Sa	♈	Frucht	Ⓔ	
20	So	♈	Frucht	Ⓔ	
21	Mo	♉	Wurzel	Ⓢ	
22	Di	♉	Wurzel	Ⓢ	
23	Mi	♊	Blüte	Ⓕ	☾
24	Do	♊	Blüte	Ⓕ	
25	Fr	♋	Blatt	Ⓚ	
26	Sa	♋	Blatt	Ⓚ	
27	So	♌	Frucht	Ⓔ	
28	Mo	♌	Frucht	Ⓔ	
29	Di	♍	Wurzel	Ⓢ	●
30	Mi	♍	Wurzel	Ⓢ	
31	Do	♍	Wurzel	Ⓢ	

September					
1	Fr	♎	Blüte	Ⓕ	
2	Sa	♎	Blüte	Ⓕ	
3	So	♏	Blatt	Ⓚ	
4	Mo	♏	Blatt	Ⓚ	
5	Di	♐	Frucht	Ⓔ	
6	Mi	♐	Frucht	Ⓔ	☽
7	Do	♐	Frucht	Ⓔ	
8	Fr	♑	Wurzel	Ⓢ	
9	Sa	♑	Wurzel	Ⓢ	
10	So	♒	Blüte	Ⓕ	
11	Mo	♒	Blüte	Ⓕ	
12	Di	♒	Blüte	Ⓕ	
13	Mi	♓	Blatt	Ⓚ	○
14	Do	♓	Blatt	Ⓚ	
15	Fr	♈	Frucht	Ⓔ	
16	Sa	♈	Frucht	Ⓔ	
17	So	♉	Wurzel	Ⓢ	
18	Mo	♉	Wurzel	Ⓢ	
19	Di	♉	Wurzel	Ⓢ	
20	Mi	♊	Blüte	Ⓕ	
21	Do	♊	Blüte	Ⓕ	☾
22	Fr	♋	Blatt	Ⓚ	
23	Sa	♋	Blatt	Ⓚ	
24	So	♌	Frucht	Ⓔ	
25	Mo	♌	Frucht	Ⓔ	
26	Di	♍	Wurzel	Ⓢ	
27	Mi	♍	Wurzel	Ⓢ	●
28	Do	♎	Blüte	Ⓕ	
29	Fr	♎	Blüte	Ⓕ	
30	Sa	♏	Blatt	Ⓚ	

Oktober					
1	So	♏	Blatt	Ⓚ	
2	Mo	♐	Frucht	Ⓔ	
3	Di	♐	Frucht	Ⓔ	
4	Mi	♐	Frucht	Ⓔ	
5	Do	♑	Wurzel	Ⓢ	☽
6	Fr	♑	Wurzel	Ⓢ	
7	Sa	♒	Blüte	Ⓕ	
8	So	♒	Blüte	Ⓕ	
9	Mo	♒	Blüte	Ⓕ	
10	Di	♓	Blatt	Ⓚ	
11	Mi	♓	Blatt	Ⓚ	
12	Do	♈	Frucht	Ⓔ	
13	Fr	♈	Frucht	Ⓔ	○
14	Sa	♈	Frucht	Ⓔ	
15	So	♉	Wurzel	Ⓢ	
16	Mo	♉	Wurzel	Ⓢ	
17	Di	♊	Blüte	Ⓕ	
18	Mi	♊	Blüte	Ⓕ	
19	Do	♋	Blatt	Ⓚ	
20	Fr	♋	Blatt	Ⓚ	☾
21	Sa	♌	Frucht	Ⓔ	
22	So	♌	Frucht	Ⓔ	
23	Mo	♍	Wurzel	Ⓢ	
24	Di	♍	Wurzel	Ⓢ	
25	Mi	♎	Blüte	Ⓕ	
26	Do	♎	Blüte	Ⓕ	
27	Fr	♎	Blüte	Ⓕ	●
28	Sa	♏	Blatt	Ⓚ	
29	So	♏	Blatt	Ⓚ	
30	Mo	♐	Frucht	Ⓔ	
31	Di	♐	Frucht	Ⓔ	

November					
1	Mi	♑	Wurzel	Ⓢ	
2	Do	♑	Wurzel	Ⓢ	
3	Fr	♑	Wurzel	Ⓢ	
4	Sa	♒	Blüte	Ⓕ	☽
5	So	♒	Blüte	Ⓕ	
6	Mo	♓	Blatt	Ⓚ	
7	Di	♓	Blatt	Ⓚ	
8	Mi	♓	Blatt	Ⓚ	
9	Do	♈	Frucht	Ⓔ	
10	Fr	♈	Frucht	Ⓔ	
11	Sa	♉	Wurzel	Ⓢ	○
12	So	♉	Wurzel	Ⓢ	
13	Mo	♊	Blüte	Ⓕ	
14	Di	♊	Blüte	Ⓕ	
15	Mi	♋	Blatt	Ⓚ	
16	Do	♋	Blatt	Ⓚ	
17	Fr	♌	Frucht	Ⓔ	
18	Sa	♌	Frucht	Ⓔ	
19	So	♍	Wurzel	Ⓢ	☾
20	Mo	♍	Wurzel	Ⓢ	
21	Di	♍	Wurzel	Ⓢ	
22	Mi	♎	Blüte	Ⓕ	
23	Do	♎	Blüte	Ⓕ	
24	Fr	♏	Blatt	Ⓚ	
25	Sa	♏	Blatt	Ⓚ	●
26	So	♐	Frucht	Ⓔ	
27	Mo	♐	Frucht	Ⓔ	
28	Di	♐	Frucht	Ⓔ	
29	Mi	♑	Wurzel	Ⓢ	
30	Do	♑	Wurzel	Ⓢ	

Dezember					
1	Fr	♒	Blüte	Ⓕ	
2	Sa	♒	Blüte	Ⓕ	
3	So	♒	Blüte	Ⓕ	☽
4	Mo	♓	Blatt	Ⓚ	
5	Di	♓	Blatt	Ⓚ	
6	Mi	♈	Frucht	Ⓔ	
7	Do	♈	Frucht	Ⓔ	
8	Fr	♉	Wurzel	Ⓢ	
9	Sa	♉	Wurzel	Ⓢ	
10	So	♉	Wurzel	Ⓢ	
11	Mo	♊	Blüte	Ⓕ	○
12	Di	♊	Blüte	Ⓕ	
13	Mi	♋	Blatt	Ⓚ	
14	Do	♋	Blatt	Ⓚ	
15	Fr	♌	Frucht	Ⓔ	
16	Sa	♌	Frucht	Ⓔ	
17	So	♍	Wurzel	Ⓢ	
18	Mo	♍	Wurzel	Ⓢ	☾
19	Di	♎	Blüte	Ⓕ	
20	Mi	♎	Blüte	Ⓕ	
21	Do	♏	Blatt	Ⓚ	
22	Fr	♏	Blatt	Ⓚ	
23	Sa	♐	Frucht	Ⓔ	
24	So	♐	Frucht	Ⓔ	
25	Mo	♐	Frucht	Ⓔ	●
26	Di	♑	Wurzel	Ⓢ	
27	Mi	♑	Wurzel	Ⓢ	
28	Do	♒	Blüte	Ⓕ	
29	Fr	♒	Blüte	Ⓕ	
30	Sa	♒	Blüte	Ⓕ	
31	So	♓	Blatt	Ⓚ	

REZEPTE

SACHREGISTER

Bildnachweis

Alle Aquarellzeichnungen von Irmtrud Stier, Oberkirch/Baden.
Mosaik Verlag/Brauner: 23, 28, 29, 76, 86, 88, 89
Mosaik Verlag/Eising: 21 links, 24, 47, 52, 53, 54 links, 61, 62, 83, 90, 91
Mosaik Verlag/Feuz: 22, 26, 27, 32, 36, 40 links, 46, 49, 51, 54 rechts, 59, 72, 73, 79, 80, 81, 84, 85, 87
Mosaik Verlag/Goldmann: 31, 48
Mosaik Verlag/Kerth: 20, 25, 35, 43, 58, 66, 78, 82
Mosaik Verlag/Pudenz: 21 rechts, 34, 40 rechts, 41, 42, 44, 50, 55, 77
Mosaik Verlag/Teubner: 37, 60, 63, 64, 65, 67, 68, 75
Reinhard: 10 oben links, 10 unten links
Strauß: 10 unten rechts
Zeltner: 10 oben rechts

Impressum

Autorin: Claudia Graf
Illustrationen: Irmtrud Stier, Oberkirch/Baden
Redaktionsleitung: Halina Heitz
Redaktion: Kirsten Spieldiener, München
Bildredaktion: Helga August
Buchgestaltung: Martin Strohkendl, München
Umschlaggestaltung: Martina Eisele, München

Der Mosaik Verlag ist ein Unternehmen
der Verlagsgruppe Bertelsmann

München / 5 4 3 2 1
Reproduktionen: Arti Litho, Trento
Satz: All-Star-Type Hilse, München
Druck und Bindung: Mohndruck Graphische Betriebe GmbH, Gütersloh
Printed in Germany

ISBN 3-576-10521-2